西方经济学圣经译丛（超值白金版）
晏智杰◎主编

A Treatise of Taxes & Contributions

赋税论

［英］威廉·配第◎著
邱 霞 原 磊◎译

华夏出版社
HUAXIA PUBLISHING HOUSE

《西方经济学圣经译丛》序

翻译出版西方经济学名著,如以1882年上海美华书馆印行《富国策》〔英国经济学家H.福西特(1833~1884)《政治经济学指南》(1863年)中译本〕为开端,迄今为止已有一百多年历史。回顾这段不算很长然而曲折的历程,不难看出它同中国社会百多年来的巨大深刻的变迁密切相关,它在一定程度上是中国思想界特别是经济思想界潮流和走向的某种折射和反映。单就中华人民共和国成立以来对西方经济学名著的翻译出版来说,窃以为明显呈现出各有特点的两个阶段。改革开放以前几十年间,翻译出版西方经济学著作不仅数量较少,而且其宗旨在于提供批判的对象和资料。对于出现这种局面的不可避免发生及其长短是非,人们的看法和评价可能不尽一致,但此种局面不能再原封不动地维持下去已是大多数人的共识。改革开放以来,对西方经济学著作的翻译出版进入到一个新阶段,短短二十多年间,翻译出版数量之巨,品种之多,速度之快,影响之广,均前所未有,呈现出一派生机勃勃的繁荣景象。这是中国社会改革发展的需要,也是历史的进步,主流无疑是好的;但也难免有选材不够精当和译文质量欠佳之嫌。

华夏出版社推出这套新的《西方经济学圣经译丛》,可谓正逢其时。在全面建设小康社会的新时期,随着社会主义市场经济体制改革的深入,随着中国经济学队伍的建设和壮大,我们需要更多更准确更深入地了解西方经济学;而以往几十年翻译出版西方经济学所积累的经验教训,也正在变成宝贵的财富,使我们将翻译出版西方经济学名著这项事业,得以在过去已有成就的基础上,百尺竿头,更进一步。我们会以实践为标准,比以往更恰当地把握选材范围和对象,尽可能全面准确地反映西方经济学的优秀成果,将各历史时期最有代表性和影响力的著作纳入视野;我们对译文质量会以人所共知的"信、达、雅"相要求,尽力向读者推出上乘之译作。我们还会认真听取广大读者和学者的任何批评和建议,在分批推出过程中不断加以改进和提高。

在西方经济学迄今的发展中,涌现了数量不少的重要著作,其中亚当·斯密《国富论》(初版于1776年)、马歇尔《经济学原理》(初版于1890年)和凯恩斯《就业、利息和货币通论》(1936年),是公认的三部划时代著作。《国富论》为古典经济自由主义奠定了基础；《经济学原理》作为新古典经济学的代表作，为经济自由主义做了总结；《就业、利息和货币通论》则标志着经济自由主义的终结和现代国家干预主义的开端，故将它们同时首批推出。其他名著将陆续问世。

晏智杰

北京大学经济学院

2004 年 11 月 15 日

赋 税 论

本文结合爱尔兰的现状及社会问题主要阐述下述几个重要税收类型（或者作用相当于税收的措施）的性质和职能：

- 王领地税
- 估价税
- 关税
- 人头税
- 彩票
- 捐献
- 刑罚

- 垄断
- 官职
- 什一税
- 铸币的增值和贬值
- 炉税
- 国内消费税

同时也在行文中穿插了下述几个与税收相关的概念：

- 战争
- 教会
- 大学
- 租金和土地价格
- 利息和汇费
- 银行和信贷业者
- 转让财产登记
- 乞丐

- 保险
- 货币出口
- 羊毛出口
- 自由港
- 铸币
- 房屋
- 信仰自由

目　录

1899 年重印版说明

前　言

第 1 章　公共开支的内容 ………………………… 1

公共开支的几项内容

政府官员的薪俸应该比私人职业者所获得的薪水高

被信任的荣誉和被敬畏的喜悦就是某些政府官员得到的极大的报酬

拯救灵魂不仅是一项民间开支，而且还应该是公共开支的一部分

当各种学校和大学构成公共开支的一个项目时，其用途何在

第 2 章　公共开支增加和加重的原因 ……………… 7

税收负担加重的一般原因

引发对外战争和侵略战争的原因

发生防御战和内战的原因

产生不必要的宗教开支的原因在于教区的规模没有随着宗教和商贸的变化发展而改变

五千个教区对于英格兰和威尔士来说已经足够了，如果能

够这样，每个教区里也才只有一千个教徒，而且也不会有一个人需要走超过两英里的路程去教堂

无用、过时的官职和过快增长的费用是引起政府部门和司法部门不必要开支的原因

设立土地财产买卖登记簿、动产抵押品担保信贷银行以及公共信贷银行，则我们处理诉讼案件和法律文书的开支就会减少

如何调节相关医务人员的人数

如何调节大学里的立志以治学为人生道路的学生的人数

那些为了促使经选择挑出的优秀教区的儿童和孤儿从事有用的职业而实行的措施，迄今为止依旧执行不力

不必要的批发商和零售商应该缩减其人数

慎重地抚养和教育弃儿是一件意义非常重大的事情，对他们的姓名和家庭出身要保密

给乞丐和正处于失业中的人的几点就业建议

那些需要耗费大量劳动的大型工程项目，虽然其本身必要性不大，但是对社会却很有益处

在英格兰维护公路，修建桥梁、河堤，疏通河道，这些都有助于英格兰马作为一种商品的出口，同时也有利于爱尔兰商品的买卖

第3章 导致国民不甘心承担赋税的原因如何才能减少 …… 27

国民不愿承担赋税的原因：

第一，君主在征收赋税时对国民的勒索过量

第二，赋税的课征不公

第三，国家征收上来的税款大部分被浪费掉了

第四，或者被赐给了国王的宠臣

第五，国家对人口数量、商贸情况和国民的财富状况知

之甚少

第六，征税权界定不明、含糊不清

第七，人口数量过少

第八，货币短缺，铸币混乱

第九，铸币占本国财富的比例还不及百分之一

第十，国家不接受国民以实物形式缴纳的赋税

  当国内货币过多的时候，赋税过重会带来什么后果？而当国内货币过少的时候，赋税过重又会带来什么后果？当一个国家治理良好的时候，赋税过重会带来什么后果？而当一个国家治理不善的时候，赋税过重又会带来什么后果？

第 4 章　赋税征收的方法 ………………………… 39

筹集公共开支经费的第一种方法是划出或者设定一部分领土为王领地

第二个方法是对所有的地租征收同等比例的土地税

无论国王选择上述两种方法中的哪一种，只要是如约征收的，而不是突然对国民进行的额外强征，那么，生活在这个国家中的国民就是幸福的

固定地租的地主承担土地税或者估价税，可能会有其他人因此而受益

把对自由不动产征收的土地税转化为对消费征收的国内消费税

房屋估价税不如土地估价税那么确定，房屋具有两重属性：一方面它是获得收益的工具；另一方面它又是消费的途径

对房屋征收的重税不足以限制新建筑物的兴建，同样，限

4 赋税论

制新建筑物的兴建也不足以抑制城市人口的增长

限制在新地基上建筑房屋仅仅能固定城市的地理边界

伦敦市的边界向西移动的原因

英国国王的官殿经过多年以后恐怕就会移至切尔西附近

只要我们这座海岛有人居住,那么伦敦现在所处的位置就会是最大的聚居地

使用前述土地上出产的产品计算得到的地租的性质及其自然标准

食物或者土地上出产的其他产品和金银块或者铸币之间的等价关系

黄金和白银之间的等价关系

黄金和白银并不是必需品价值的自然标准

必需品的基本度量单位只有两个,那就是土地和劳动,这就像英格兰的货币单位是镑、先令和便士一样

土地和劳动之间的等价关系

在许多国家,土地价值等于年租年数的原因

为什么爱尔兰的土地比英格兰的土地所值的年租年数少

第 5 章 利 息 ……… 57

利息说明

汇费说明

利息和汇费的标准

为什么利息比汇费受到更大的限制

货币价格变动和土地价格变动的相似性

如何计算和比较地租以实现公平的田赋和估价税

土地的内在价值是通过对土地面积、形状和地理位置的调查来证明的

同时，土地的内在价值还是通过对土地质量（即土地天然的性质）的调查来证明的，包括：一产品的珍贵程度；二品种的优良程度；三产量的丰富程度

土地的外在价值或附加价值取决于国民拥有货币的数量、生活方式的奢侈与俭朴程度以及他们对社会、自然和宗教等所持的看法

探究这些问题有必要知道如何计算现时的金银铸币，并相应地与从前的金银铸币进行比较

不仅要知道如何比较现时的货币和从前的货币，也要知道如何比较现时的和从前的国民总财富

计算土地的附加价值要依据人口数量及货币在人口中的分配情况

如何使一个地方和另一个地方的商品价格互相协调

对于劳动者及其他几种普通工匠的日工资必须加以确定并适时地进行调整

虽然计算土地的附加价值困难很大，但有更重要的原因要求必须进行这种计算

在商人和其他相关人之间常用的"信用"一词的性质

国王对其国民的财产有着准确的了解对于国民而言没有任何坏处

第 6 章 关税和自由港 ················· 69

什么是关税

关税最初是为了免遭海盗劫掠而缴纳的一种保险费的推测

对出口商品征收上面所说关税的标准

关税过重的缺点

哪些商品可以强制征收关税

6 赋税论

对进口商品征收关税的标准
用征收关税的方式来筹款的缺点
以对进出口的船只征收吨税来代替对运输的货物征收吨税或者磅税的建议
或者,把关税作为一种保险费来征收
一般违禁品
禁止货币和金银块的出口
上面说到的禁止货币出口的政策能够起到限制奢侈腐化法令的作用
羊毛的出口
从很多理由看来,在一定的情况下,缩减我国的牧羊业,增加耕种谷物,无疑是一个良策
考虑到其他方面的原因,严禁羊毛出口可能是无效的,或者说害大于利
禁止进口
制造出或者生产出商品,即使将其焚毁,也比不制造这些商品,或者说,让生产者失去他们的工作机会变得闲散无事好得多
自由港,在什么情况下它是有好处的,在什么情况下它没有好处

第 7 章 人头税 ……………………………… 83

人头税及其种类
最近开征的人头税的缺点
所有人都要同样缴纳的绝对人头税的优点和缺点
按照头衔、官职和特权征收的人头税
炉税和绝对人头税具有同样的性质,并且二者都是累积的

国内消费税

第 8 章 彩 票 …………………………………… 89

　　允许公开发行彩票就等于对国民征收一种赋税
　　为什么在没有很好的管理的情况下不应当准许发行彩票

第 9 章 捐 献 …………………………………… 91

　　用捐献的办法来筹集货币实际上是一种课税
　　捐献这种方式产生良好效果的三种情况
　　反对捐献的若干理由

第 10 章 刑 罚 …………………………………… 95

　　刑罚的若干种类
　　关于摩西律法所规定的刑罚现在是否还宜施行的一种疑问
　　各种类型的刑罚所固有的作用和施行的理由
　　无期徒刑是一种缓期执行的死刑
　　在什么情况下，死刑、断肢、监禁、侮辱等等刑罚应该改
　　　处以罚款
　　摩西律法中的双倍损害赔偿或者多倍损害赔偿的意义
　　处罚和容忍宗教异端邪说信奉者的方法
　　国王既可以容忍宗教异端，也可以处罚宗教异端
　　所有的歪理邪说都可以通过稳妥的罚款的办法让它不会危
　　　害到国家
　　国王如果对异端分子处以死刑、断肢或者监禁，其实也就
　　　等于处罚了自己，而且经常是达不到目的的
　　牧羊人理应为他们羊群的过失和缺点而受到一定的惩处
　　牧师真正的作用在于使自己成为神圣的榜样，而不是对人

们讲授各种关于上帝的教义

本章谈到的全部关于教会的论述的主旨

刑罚和刑法的滥用

第11章 垄断和官职 ················· 109

垄　断

建立垄断制度的作用和理由

关于发明的讨论和新技术设计者的愤怒

国家设立的任命即带有薪俸的各种官职，与垄断具有相同的性质

为什么许久以前的官职薪俸很高

官职是怎样变成可以出卖的商品的

为什么许多多余的官职不被废除掉

第12章 什一税 ····················· 117

什一税若干方面的说明

什一税增加的原因

英格兰的地租仅够支持全体国民开支的四分之一

英格兰现在的什一税是四百年前的六倍

现在的牧师比古时候的牧师富裕很多，但是需要做的工作却比从前减少了很多

牧师过多的危险

怎样调节牧师和神学院学生的人数

现在的什一税并不是一种赋税，也不是由国民来进行负担的

什一税是一种良好的赋税形式

城市和农村缴纳什一税的方法十分地不成比例

依据征收什一税的方法来筹集公共开支经费的缺点

第13章 其他几种征款的方法 ········· 129

对国民征税的方法经常改变的原因

在许多国家,政府通过充当公共司库、公共放贷人、公共保险人、垄断者等来获得收益

略谈犹太人(犹太人到处都被课以重税)的情况

对人们的不动产征收一个完整部分作为赋税的办法是很危险的

第14章 货币的升值与贬值 ········· 135

改变铸币价值是向依靠固定租金、年俸、薪水来维持生活的人课征的一种赋税

铸币贬值及不贬值的情况

精制及粗制的锡币和铜币

零售商店店主私制的铸币

金币和银币贬值的情况

赞成货币贬值的理由

反对货币贬值的理由

适度的货币升值是怎样的

提高本国铸币价值以及提高外国铸币价值的效果

货币升值会改变硬币的含量,会使金银含量减少

为什么许多英明的国家会提高它们的货币价值

将本国货币的价值提高一倍,或者将本国产品的售价减少一半,其效果是不完全相同的,前一种方法比较好

根据自然基础计算和比较商品价格的方法

第15章　国内消费税 ················· 149

人们真正的和真实的富有程度要根据他们所消费和享受的东西而定

国内消费税是针对这种财富课征的一种赋税,它是一种筹集公共开支经费的好办法

应该确定全国的开支总额或消费总额同公共开支经费之间的比例

在商品还不能直接用于消费之前,不宜对之征税

价值相等的商品可以课以不相等的国内消费税

论把对许多种商品所课征的国内消费税累积于一种商品上加以课征的情况

出口的本国商品是否应该缴纳国内消费税

累积的国内消费税说明

把对许多种商品所课征的国内消费税累积于一种商品上加以课征的理由

为什么啤酒不应该是一种被征收累积国内消费税的商品

炉税或叫烟囱税是累积的国内消费税,以及赞成和反对征收它的理由

赞成征收国内消费税的理由

培养能够赢得公众信任的人去担任司库、仓管员、税务官等职务

1899年重印版说明

《赋税论》(全称《关于税收和捐献的论文》,英文全称 A Treatise of Taxes and Contributions——译者注)是威廉·配第最早的经济学著作。由于威廉·配第在《赋税论》中回顾其近期著作的时候,提到了 1662 年 1 月出版的格兰恩特的《根据死亡率表作出的对自然和政治的观察》(Natural and Political Observations Made upon the Bills of Mortality)一书,并且我们知道威廉·配第在 1662 年 10 月底以前一直居住在爱尔兰①,因此我们推测《赋税论》其写作应当是在 1662 年前期完成的。当时的威廉·配第刚刚从他的政治野心中解脱出来,抱着极大的热情重新投身到对科学的追求中。② 基于理论研究和实践经验的双层底子,这一时期他写作了著作《赋税论》;

---

① 根据是威廉·配第写给罗伯特·默瑞(Robert Moray)爵士的信,见《英国皇家学会书信手稿集》,第 1 页和第 2 页。——1899 年版注
② 参阅:威廉·配第后代菲茨莫里斯(Fitzmaurice)所著的《配第传》,第 104~107 页。——1899 年版注

同时，他还做了几个演讲：关于制衣的问题，关于如何对待垂死的皇家学会历史的问题以及关于海运的问题①。

《赋税论》其确切出版日期无从考订。如果我们承认《赋税论》中"最受它的国民拥戴的国会"这句话，意指1662年3月4日爱尔兰众议院投票决定将3万英镑作为礼物馈送给奥尔蒙德（Ormond's）国会②这件事情，并且认为威廉·配第是从4月19日白厅③的来信中得到这一消息的，那么我们就有充足的理由相信怀特·肯奈特的推断④：《赋税论》是在1662年的5月写成的。但是从另一方面来看，如果我们引用配第自己的话，《赋税论》恰好是在奥尔蒙德公爵行将前往爱尔兰任总督之际诞生的，那么《赋税论》就应当是在1662年7月正式出版的。然而我们需要注意的一点是：后来可能由于国王举行婚礼的缘故，奥尔蒙德公爵将启程的时间从原来的5月份推迟到了7月份⑤。如果把这两种推断进行融合再加

---

① 参阅：伯奇著《英国皇家学会的历史》（Birch, History of the Royal Society），第一卷，第65页；《配第书目集》（Bibliography），第7页和第28页。——1899年版注
② 参阅：《政治体制解剖》（Political Anatomize），第9章。——1899年版注
③ 白厅即是指英国政府。——译者注
④ 参阅：肯奈特，《编年史记》（Kennett, Register and Chronicle），第703页。——1899年版注
⑤ 参阅：卡特，《奥尔蒙德公爵》（Carte, Ormond），第二卷，第257页。——1899年版注

以思考，我们认为配第在写下序言的时候，以为奥尔蒙德公爵将马上启程去爱尔兰，但却没有料到后来行程的延期。因此，我们推断，《赋税论》是在1662年5月出版的。

迄今四个版本的《赋税论》都是在配第生前出版的。① 在这四个版本中，第一版（1662年版）有可能是配第亲自主持出版的。第二版（1667年版）是当配第在爱尔兰的时候，由伦敦方面印刷出版的。而第三版（1679年版）的出版似乎并非出于配第的本意。1678年5月29日，配第给奥布里（Aubrey）② 写了一封信，信中谈道："关于重印《赋税论》一事，我不想参与。我从来不敢奢求能够为社会做出很大的贡献，也不认为自己应当被载入史册。"③ 10月5日，配第在写给罗伯特·索斯韦尔（Robert Southwell）爵士的信中，再次表达了不愿重印《赋税论》的想法。④ 第四版（1685年版）仅

---

① 参阅：《配第书目集》，第六卷。——1899年版注
② 约翰·奥布里（J. Aubrey，1626~1697），英国古董收藏家及作家，其作品《短暂的生命》在其逝世后发表，其中包括对其著名的朋友的性格刻画，如托马斯·霍布斯、约翰·密尔顿及弗朗西斯·培根等。——译者注
③ 参阅：菲茨莫里斯的《配第传》，第258页。原信件保存在牛津大学图书馆，《奥布里手稿》，第二卷，第110页。配第的后代贵族菲茨莫里斯捐献给大英博物馆的是这封信的附件。——1899年版注
④ 参阅：素普书日图书馆藏《索斯韦尔手稿》（MSS. Bibl. Southwelliance），1834年版，第403页。——1899年版注

仅是将1679年的版本换了一个封面，然后就重新出版了，因此没有独立的版权。我们目前是对第一版的重印，① 这一版本被认为是这四个版本中最可靠的版本，虽然我们没有找到这一版本的手稿，但是从该版的前言中我们可以确定，这一版本的出版是经过作者本人授权的。当初的版本是匿名发行的，关于这部著作的原创作者的问题也是我们需要注意的，配第第一次公开承认是这部著作的原创作者，是在查尔德（Child）出版发行的专门讨论有关贸易和货币利息问题的刊物的一期增刊上，1668年，伦敦，伊丽莎白·卡尔弗特（Elizabeth Calvert）著。②

---

① 1662年版的印刷很粗劣，存在非常明显的拼写错误，如把"encrease"误作"enrease"（英文原版第24页），把"statesman"误作"statesman"（英文原版第41页），把"beer"误作"beeer"（英文原版第74页），这些错误在本版中都已得到了改正。除此种情况之外，本次印刷完全终于原版。——1899年版注
② 后来再版在查尔德的《贸易新论》（New Discourse of the Trade）一书中，1693年版，第26页。——1899年版注

前 言

1. 对那些不现实的年轻人来讲，虽然他们结婚的根本和惟一的目的不是为了生儿育女，更不是为了生育适合某一特定职业的儿女，但是一旦有了孩子，他们还是会尽力按照孩子的兴趣和意愿教育和培养他们的。对我来讲也是如此，虽然我写这本书的目的仅仅是为了清除我脑海里的一些令我烦躁的想法，而不是为了供他人参考，或者解决什么实际问题，但是既然这本书已经完成，并且它的问世恰逢奥尔蒙德公爵①即将出任爱尔兰总督之际，因此我希望它对于分析爱尔兰或者其他地方事务，会有可借鉴之处，虽然这种可供借鉴的意义也许并不大。

要想统治爱尔兰，就必须要保持大批的军队，以防爱尔兰人将来叛乱，这种叛乱既有害于爱尔兰自己，也

---

① 奥尔蒙德公爵（Duck of Ormond），本名詹姆斯·巴特勒（James Butler, 1618~1688），出身爱尔兰贵族，保皇党成员，曾先后三次出任爱尔兰总督。——译者注

2　赋税论

有害于整个英格兰。为了维持这样大批的军队,就必须要向那里贫困的国民和荒凉的国土大量征税。因此,让爱尔兰人了解一下各种税收的内容和征税的标准还是有必要的。

2. 对爱尔兰来讲,通过对教区进行合并再重新加以划分,① 使那里成为适合传播福音的地方,这是十分必要的,这项工作正好可以依据马上就要制作完成的新的爱尔兰地图②来做。另外,我曾经谈到的关于牧师的很多问

---

① 1662年爱尔兰议会通过了一项关于将各个教区合并进行重新划分的法令。参阅查理二世14年和15年的第10号法令。我们不清楚配第和这项法令的颁布有没有关系,但是这项法令看起来似乎反映了配第的观点:"在这个王国有些地方,教区的划分过于狭小,1英里或者2英里的范围内就有五六个教区,这就使得教徒必须承担由此引起的不必要的建筑和维修多个教堂的费用,而教堂的费用本来就少得可怜,有时候甚至连一个牧师的费用都负担不起;而有些地方的教区划分得又过大,在某种程度上甚至该教区的教徒从家里去一趟教堂都很难一日往返;还有就是教区的划分也不合理,比如某个教区的教徒去别的教区的教堂反倒比去他自己所在教区的教堂更方便。"因此,从1662年的米迦勒节(Michaelmas)开始,在各相关方面一致同意的前提下,爱尔兰总督下令将各个教区合并进行重新划分。——1899年版注

② 大概是指配第以山区测量原图为基础刻制的爱尔兰地图。在这个地图中,标明了各郊区的边界。参阅:拉克姆编《配第在山区测量方面的贡献》(Petty's *Hist. of the Down Survey*, ed. by Larcom),第49页。1665年,配第请求国王"协助编制爱尔兰地图",后来这一请求获得了批准。同上书,第400~401页,第323页。但是配第在编制爱尔兰地图的过程中,似乎又没有得到足够的帮助。因此在1672年,配第宣称他自费制成了各区、各村以及各郡的详细地图,并把它们雕刻成铜版,并通过这种方法制成了各州以及整个王国的地图。参阅:《爱尔兰的政治体制解剖》(*The Political Anatomy of Ireland*),第9章。随后,各村地图

题,在爱尔兰也是存在的。

3. 爱尔兰地区资源丰富,因此如果不采取措施增加出口,反而会对该地区不利,而出口的增加有赖于关税和消费税的征收尺度的明确。

4. 由于从总体上讲,爱尔兰的人口是不足的,并且在将英格兰人迁往爱尔兰,或者将爱尔兰人迁出爱尔兰之前,①当地政府必须要花费大量的经费来供养军队,才能维护当地安全,所以我认为要吸引英格兰人迁往爱尔

以《爱尔兰概况》(Hiberniae Delineatio)为名称获得了出版,但出版日期不详。参阅:《配第书目集》(Bibliography)。这本出版日期不详的地图在大英博物馆和牛津大学图书馆(Bodleian Library)都有收藏。都柏林(Dublin)的三一大学(Trinity College)图书馆也收藏了3本。这几本地图中,除了大英博物馆收藏的那本以外,每本都包含一张配第的肖像图,这一肖像图是由爱德文·桑迪丝(Edwin Sandys)刻版的,日期为1683年。英国博物馆在编排印刷地图目录的时候,把它的出版时期推测为1685年。但是这本地图的扉页"爱尔兰总图"[由萨顿·尼古拉斯(Sutton Nicholls)刻版]则附有考克斯(Cox)所著的《爱尔兰的历史》(History of Ireland)这本书的广告,而《爱尔兰的历史》第一卷是在1689年出版发行的。爱尔兰国立博物馆的收藏本是为了献给配第的后代亨利(Henry),即谢尔本伯爵(Earl of Shelburne)的再版本。因此这一版本只可能是1719年(谢尔本被授予伯爵爵位)之后,1751年(谢尔本逝世)之前出版的。——1899年版注

① 通过将爱尔兰人和英格兰人同化的方法解决爱尔兰问题,是配第自1665年以来持有的得意见解。据说,同文森·古金(Vincent Gookin)一样,配第坚决反对将爱尔兰人迁移到康诺特(Connaught)的种族隔离政策,而且一直到他去世都坚持这种观点。参阅:菲茨莫里斯的《配第传》(E. Fitzmaurice, The Life of Sir William Petty),第31页,第32页;配第的《论爱尔兰》(William Petty, Treatise of Ireland)。——1899年版注

兰，最有效的方法就是让他们知道，从全国范围来看，国王的收入占全国的财富、租金及个人所得的十分之一以上；而在爱尔兰，公共费用会在随后的几年里减少到英格兰地区的什一税水平；并且随着国王收入的增加，国王的支出会相对地减少，这是一种双重利益。

5.① 雇用英格兰的乞丐修理公路、疏浚运河，将会有利于爱尔兰的羊毛和家畜的出口。

6. 对爱尔兰来讲，充分理解货币的性质、不同铸币的不同经济效果、提高货币价值和降低货币价值的不同的经济效果以及货币价值的不稳定性，才是一门最实际的学问；正因为缺少这门学问，爱尔兰最近才会经常发生货币发行混乱的情况②。

---

① 原文为第"6"条，没有第"5"条，这里加以调整，以下逐条按次顺延。——译者注
② 在共和政府期间，私人滥发铸币的情况非常严重。在配第来到爱尔兰之前不久，就有几个伦敦人因为将伪造的或者贬值的英格兰货币和秘鲁币走私到爱尔兰而被执行死刑。参阅：西蒙的《论爱尔兰货币》(Simon, Essay on the Irish Coins)，第48~49页。虽然会被处以严厉的刑罚，但是这种货币走私行为并没有得到制止。同上书，第49~52页，第118~122页。1660年1月29号，共和政府发布了一个通告，明确规定了金银铸币的固定比率。同上书，第123~124页。1661年8月17日，共和政府又发布了一个通告，禁止私人铸造货币。参阅：鲁丁的《英国及其附属国的铸币史》(Annals of the Coinage of Great Britain and its Dependencies)，第二卷，第4页；弗利特伍德 (Cf. Fleetwood) 1653年2月16日写给瑟楼 (Thurloe) 的书信；《国情报告》(State Papers) 第二卷，第94页。——1899年版注

7. 在爱尔兰，一片土地的价值仅仅相当于其6~7年的地租，然而在海洋彼岸的英格兰，一片土地的价值却要相当于其20年的地租。在没有想到办法解决这个问题以前，让爱尔兰人知道价格存在差异的原因还是有好处的。

最后，我想如果有人能够对爱尔兰的问题提出一些有益的建议和意见的话，在奥尔蒙德公爵担任行政长官的时候向政府提出来会是一个最佳的时机，这是因为：

（1）奥尔蒙德公爵对爱尔兰的情况了如指掌，无论是和平时期的爱尔兰还是战争时期的爱尔兰。他不仅了解爱尔兰国内某些特殊人物和一切党派的利益关系，他还了解英格兰以及那些和爱尔兰有关系的国家的情况。

（2）奥尔蒙德公爵已经用他的智慧鲜活地证明了他是关心英格兰在爱尔兰的利益的，并且他也能够做到尽可能地去解决那里的种种问题。

（3）奥尔蒙德公爵在爱尔兰所占有的土地之多是爱尔兰历任总督之最，因此他不会面对坎普登曾经提到的那种危险。英国著名的历史学家坎普登（1551~1623）曾经向其他爱尔兰总督提出过这样的警告：爱尔兰人是有怨言的。奥尔蒙德公爵之所以不会遇到被爱尔兰人埋怨的危险，是因为一个已经获得了最多土地的人没有理由会去想获得再多的土地了。

(4) 当某些只是为了搜刮民财而入主爱尔兰的总督不顾爱尔兰国民的疾苦和怨言—达到目的立马就一走了之的时候，奥尔蒙德公爵却向爱尔兰国民保证要实施仁政，并且预先扫除了一切施行仁政的障碍。

(5) 奥尔蒙德公爵敢于去做任何他认为是恰当的事，他可以为了某一个公民获得公平的待遇而力排众议冒天下之大不韪，即使被心怀嫉妒和不满情绪的人所曲解也不在乎。奥尔蒙德公爵之所以能够做到这一点，原因有两个：第一个在于他举世闻名的宽宏大度使得国民不会反对他；第二个在于他对陛下久经考验的忠诚会使得传到陛下耳中的流言蜚语不攻自破。

(6) 奥尔蒙德公爵对于一切提出创造性建议的努力都给予大力支持，并且重视这些精辟的建议，在慎重选择之后能够大胆采用和大力实施，这使得英格兰东部的明智之士都愿意追随他前往爱尔兰。

我们伟大的奥尔蒙德公爵是在爱尔兰的发展还有如一张白纸的时候来到这里统治这片土地的，这时的爱尔兰议会向他表示了好感。这时候，爱尔兰议会是忠于国王并且乐于谨慎地进行改革的，他们非常愿意接受他的建议，遇事也会向他咨询意见。正因为如此，在奥尔蒙德公爵执政的期间制定的成文法和自然法的通过才是可能的。

因此，这时候把我的一些理论观点用来分析爱尔兰的社会情况，我想我的老调重弹是对的，是趁热打铁，我认为至少应该在它们有用的时候把它们发表出来。在此我想要广而告知世界的是，我们知道我们是不能够改变世界的，我们能够把握世界的最好的办法就是让每一个人得到和平，让每一个人都各得其所，这样世界才会按照自己的规律运动、变化和发展。我非常清楚"事物的发展是不应被人为破坏的"①，假如我可以这样说的话我一定会说，事物的发展都有其自身的法则，自然是不能被欺骗的。所以我所写的这篇东西，正如我前面说过的，只是为了使我自己的内心得到安宁和解脱。因为我的脑海里一直充满着我日常听来的关于优先发展贸易和调节贸易的议论以及关于税收等等问题的抱怨。无论我所写出来的东西是否会受到蔑视和责难，我都不在乎，对于这一点我的想法就如同为了儿女的奢华生活而疲于奔命的富翁的想法一样，明知道日后儿女们会挥金如土也要为他们先赚下许多钱，我也一样，我明知道这篇东

---

① 这是配第非常喜爱引用的一句话。在他的著作中经常可以看到这句话，如在他所著的《论二重比》中（参阅：《政治算术》，献辞注，1674年），还有在他1686年6月2日写给索斯威尔（Southwell）的信中（见菲茨莫里斯的《配第传》，第274页）都引用过这句话。有人说配第是这句话的作者，也有人说这句话是当时社会上的一句流行语。——1899年版注

西也许毫无意义我也要把它先写出来。像龟兔赛跑一样,在跑步比赛中并不是跑得快就能够得第一,每个人都有获胜的机会,我愿把这篇文章献给那些公正的人士去评判,对于他们的批评指正我会虚心接受。

第 1 章　公共开支的内容

1. 公共开支的第一项内容是国家公共开支，是指保卫国家领海和领空安全的国防开支，用于维护国内外的和平并抵御外来军事力量的入侵。这部分开支我们可以称之为军费开支，其开支数量一般情况下不低于其他国家开支；但在非常时期，比如战争时期或者存在战争威胁的时期，其开支数量就会远远高于其他国家开支，甚至成为最高的国家开支项目。

2. 公共开支的第二项内容是政府公共开支，是指政府官员的薪俸。这里我所指的政府官员，不仅包括那些目前正在全职为政府工作的正式官员，还包括那些正在花费时间和精力努力使自己成为正式的政府工作人员的人，他们努力地想让自己的上级领导赏识自己。

3. 要维持政府官员的工作积极性，就要使他们获得丰厚的远远高于私人职业者薪酬的薪俸,只有这样,他们才会自然地或者依靠人为赋予他们的权力去完成政府工作。

4. 所以如果王室成员把他们中的一位王子尊为国王,那么这位被拥立的王子除了外表看起来要比其他王子英俊外,他还必须能够奖励那些顺从他、尊敬他的人,惩罚那些不顺从他、不尊敬他的人,否则即使这位王子的体力和智力优于其他人,他被立为国王的意义也不大。

5. 有些官职只是名誉上的,如州长、治安官、巡警、教会委员等等,尽管担任名誉官职对他们的日常生活方式并没有太大的影响,但是他们会以被信任为荣耀,以被敬畏为乐事,并且还认为这就是对他们有能力担任这项官职的最好的回报。

6. 司法开支也属政府公共开支之一,它包括私人之间、国家或者社会团体与国家和社团中的某些个人之间因发生法律纠纷从而产生的费用支出,以及惩罚已经发生的犯罪行为及事实和防范未发生的犯罪行为而产生的费用支出。

7. 公共开支的第三项内容是神职人员的神职薪俸,神职人员是拯救人类灵魂、开启人类良知的人。也许有人认为神职薪俸不应该属于公共开支的范畴,他们的理由是神职人员所从事的工作是关于另一个世界的每一个人的个人利益的,既然如此,那么理所当然地不应该属于公共开支之列。但是,如果我们考虑一下逃避世俗的法律制裁是多么容易,隐藏犯罪证据、捏造证词、歪曲法律条文的意义、妨碍司法公正等等都是那么容易做到,我们就应该认识到神职薪俸这部分公共开支是多么得必要,我们确实需要上帝的约束,上帝可以提醒我们注意魔鬼的意念与企图,让我们看到更隐秘的行为,在另一个世界里对那些在我们这个世界里只受到轻微处罚的罪犯给予终极的惩处。

8. 那么,那些从事这种公共服务事业的神职人员所获得的薪俸相应地也必须十分丰厚,而且还要使他们有能力给予世俗的人一些物质回报,以此来吸引人们信仰上帝。其实过去很多人信奉基督教,不过是因为基督能够给他们食物而已。

9. 公共开支的第四项内容是各类初级学校和大学的教育开支,特别是教授人们阅读、写作和算术的教育开支。阅读、写作和算术是人们应该具备的基本技能,它们对每个人都有特殊的用处,比如计算有助于推理,阅读和写作有助于记忆。至于教授神学是否应该成为一种私人职业,我觉得这是个值得商榷的问题。

10. 是的,现在大部分的学校和学院都是某些特殊的人物捐助的,或者说学校和学院是某些特殊的人物出于他们自己的考虑而投入金钱和时间的地方。但是，如果这些人的善举最终的结果是帮助了所有那些最优秀的、天资最聪颖的人去揭示自然界的奥秘，那么毫无疑问，这也不是什么错事。从这种意义上说，学校和学院的开支也就应该属于公共开支之列。在选拔从事上述工作的人员时不能依据其亲友的意见进行选择，就像乌鸦总以为自己的孩子是最美丽的鸟一样，父母和朋友对自己的亲友的意见总是带着偏爱和自夸的成分的。所以我们在挑选这些人员的时候，应该像土耳其政府从基督徒子弟中选拔最能干的下属所采用的方法一样，征求其他更加公正的人的意见，依据这些意见进行选拔，后面我还要讲述。

11. 公共开支的第五项内容是政府抚养孤儿、弃婴和流浪儿的开支，其实弃婴和流浪儿也都是孤儿，另外还包括各种失去劳动能力的人和失去工作的人的开支。

12. 从人道的角度讲，人人都不应该挨饿，在政府可以给那些挨饿的人食物的时候，但却不是给他们食物而是让他们去乞讨，这对于政府来说，后者比前者要付出的代价更大。另外，我们认为应该限制穷人的工资。不过这样做是不公平的，因为这样会使穷人在失去劳动能力或者失去工作的时候因没有任何积蓄而无力渡过难关。

13. 公共开支的最后一项内容是修建重大公共福利设

施的开支,如修建公路,疏通河道、水道,建设桥梁、港湾,等等。

14. 公共开支还应该有其他的内容,这里我就不再说了,让别人去说吧,或者其他人超越我也好。我列举的这六项内容是公共开支里的最主要的和最显著的内容,就我的目的而言这已经足够了。

第 2 章　公共开支增加和加重的原因

1. 论述完了公共开支的内容后，接下来我们来讨论促使公共开支增加的一般原因和特殊原因。

在促使公共开支增加的诸多一般原因中，第一个原因是国民不情愿负担这部分开支。人们怀疑政府课征的赋税过多，而且所课征的赋税都被贪污或者浪费掉了。人们认为这种课征是不公平的，所以不情愿缴税，并且认为用拖延和推诿的办法就最终能逃掉政府课征的赋税。所有这些都会增加不必要的征收赋税的开支，而且还会使得君主加强对国民的统治和镇压。

2. 赋税加重的第二个一般原因是，政府强迫国民必须在一定时期内以货币形式缴纳税款，而不允许他们在实物收获的季节以实物的形式缴纳税款。

3. 第三个原因是，征收权不明确。

4. 第四个原因是，货币的短缺和铸币的混乱。

5. 第五个原因是，人口的缺少，特别是劳动力和技术工人的缺少。

6. 第六个原因是，政府对于人口数量、国民手里的财富和民间贸易的情况知之甚少，这导致了重复征收和追加补征情况的出现。事实上重复征收和追加补征是完全没有必要的，因为它们只是为了纠正原先因不了解情况而导致的错误。

7. 下面我来谈谈关于促使公共开支增加的特殊原因。引起军费开支增加的原因和那些引起战争和战争威胁的原因是一样的，不论是对外战争还是对内战争。

8. 进攻性的对外战争是由形形色色的不可告人的私人恩怨引起的，但是却往往以公共利益为堂皇的借口而发动。对于这种战争我们无话可说，但是我想说目前是一些错误的观点挑起了战争，特别是在英格兰，比如有的观点认为，我们国家的人口有很多，如果我们需要更多的领土，那么与其从美国人那里买，不如以战争的形式向我们的邻居要，后者比前者要便宜得多；还有的观点认为，君主的伟大与光荣不在于他的臣民的数量、技术水平和勤劳程度，而在于他所统治的疆域有多大；甚至还有的认为依靠自己的力量从土地和海洋中获取财富不如用欺骗和盗窃的办法从别人那里取得财富来得光荣，这些观点都是错误的，但是它们都会挑起战争。

9. 上述这种由私人动机引起的战争在那些主要统治者税收收入很少的国家是不会发生的，因为太少的国家税收收入是不足以支撑这样的战争的。一旦偶然发生了这种战争，并且战争持续打了起来，一直打到需要增加赋税的程度，那么，那些有权力增加赋税征收的人就应该问一问是什么人发动了这场战争？战争的目的又是什么？在扑灭战火的同时也要严厉声讨战争的挑起者。

10. 防御战是因被入侵国家没有战争准备引起的，比如，腐败的军官用低劣物品冒充优良的军用物资配给到军火库；军队的募征不合理，士兵不是司令员的佃户就是司令员的佣人，再不就是那些想要逃避法律制裁的犯了罪的人和负债的人；军官不了解自己的职责所在，擅离职守；军官由于不愿发放军饷而不敢惩罚士兵等等，这些都可以算作没有战争准备。因此，在国内始终保持战备状态是抵御外国入侵战争的最经济的办法。

11. 在欧洲，内战的起因往往是宗教问题。也就是说当权者对于异教徒的惩罚不是通过恰当的方式进行的，而是在公共场所、公开场地，在大多数无知的平民面前将之处以极刑，剥夺他们的自由，残害他们的身体，这就是内战的起因。事实上，如果对那些异端分子采取罚款的方式进行惩罚，凡是有良知的人都是会缴纳罚款的，拒绝缴纳罚款的人也正暴露了他们伪善的面目。

12. 内战的另外一个起因是某些人幻想整个社会的混乱会改善他们个人不良的处境。但是实际上，短暂的混乱过去之后，即使他们能够得以幸存，他们的处境也只会变得更糟。

13. 此外，引起内战的原因还在于人们大都认为，多数政权都会在短短几年时间里使国民的财富发生重大改变；现存的历史最悠久的政权不一定是这个国家最好的政权；任何已经建立的王朝和正在位的君主其实都不一定比政权的觊觎者好得多；甚至通过选举产生的看似最佳的领导人选也不一定比未当选的人好得多；政权是无形的，它并不是一定要附属于某个人或者某些人。①

14. 引起内战的再一个原因是国家的财富集中在极少数人手中，同时国家又没有某种办法保证任何人都不变

---

① 这里配第大约是暗指发生在哈林顿（James Harrington, 1611~1677, 17世纪英国的共和主义者。——译者注）的罗塔俱乐部（Rota Club）中的争论，以及哈林顿关于选举和政权的理论。安东尼·乌德（Anthony Wood, 1632~1695, 牛津大学的古文物研究者。——译者注）曾经说，"威廉·配第博士也是罗塔俱乐部的成员之一，并且经常与哈林顿进行辩论"。至于他们之间的争论是出于意见的分歧，还是纯粹是为了争论而争论，我们就不得而知了。——1899年版注

成乞丐、盗贼或者都不被迫去做士兵。

也就是说，国家一方面允许某些人穷奢极欲，另一方面又不得不眼看着某些人饥寒交迫，这也是爆发内战的一个原因。

在没有明确动机的情况下，随意地对某些人施以恩惠，对没有显著功勋的个人或者党派给予巨额赏赐，这些都是引起思想单纯的民众产生敌意的原因，而民众又是最容易被少数阴谋家所利用的，他们会成为内战的导火索，一触即发。

15. 公共开支增加的宗教原因是各教区的范围和教会的职责没有随着天主教的改革，以及殖民地和贸易状况的变化而改革与变化。既然现在传播《福音书》① 的牧师是向聚集在同一个地方的群众同时布道的，那么教区为什么不可以再扩大呢？或者说，既然现在每只羊每年只需要梳剪羊毛三四次，那么羊群中，羊的数量为什么不可以再增加呢？② 如果英格兰和威尔士的人口只不过五百万，那么为什么需要五千个以上的教区呢？也就是说，就像每个羊群里只有一千只羊那样，现在英格兰和威尔

---

① 《福音书》：《圣经·新约》的前四本书之一，记载了耶稣的生平、死亡、复活和他对弟子的教导。——译者注
② 基督教中"牧师"的原意即取自"牧羊人"，基督教把世人看成是"迷途的羔羊"，所以需要"牧羊人"给他们指引方向，即通往天堂的方向。——译者注

士的每个教区里平均只有一千个教徒,而伦敦的一个中等教区里就有大约五千个教徒。按照伦敦现在的情况来看,英格兰和威尔士现在只需要一千个教区就足够了,但是现在那里却有近一万个教区。

16. 如果每个教区每年给牧师的薪俸按一百英镑计算,那么减少一半的教区就可以节约五十万英镑。此外,如果牧师的人数减少了一半,那么主教、副主教以及牧师会和大教堂的费用也都会减半。现在这笔费用恐怕大约要在二三十万以上。这样人们对神圣教会的崇拜将更加虔诚,而且自古传下来的神圣的教会制度不会受到任何损害,它靠什一税来维持其经济来源的传统做法也不会受到任何损害。这些都可以通过进行较大规模的宗教改革,再加上适当的方法来实现。

17.① 但是也许有人会说,在一些荒僻的地方,数量为一千的人口所占的居住面积有可能会达到八平方英里。对于这个说法,我的回答是,这样的地方是很少的,或者可以说根本没有这样的地方。我所知道的最大的教区也没有超过三平方英里或者四平方英里的,所以在这些地区,人们每周到某一个中心地点聚会一次是没有什么

---

① 1662年版"第17条"到"第20条"编号错编为"第18条"到"第21条"。——1899年版注。因此原文缺少"第17条",而有两个"第21条",这里按正确顺序修正。——译者注

太大的困难的。

18. 另外，我还想说，即使是一个学问平平的助理牧师，只要他的生活条件比较好，对他的任命也比较合适，那么他就应该能够愉快地胜任每个礼拜日到四个教堂布道的任务；而那些学识渊博、口才极好的传道士可以隔一个礼拜日在这些教堂里布道一次，这个礼拜日在这两个教堂里布道，那个礼拜日在那两个教堂里布道；再加上每日的布道之外的教义问答，我认为这样的布道也能够像现在这样进行下去，而且在需要上帝保佑的时候，祈求上帝保佑的各种仪式也能够像现在一样进行。我之所以这样说，是因为基督的轭是容易的，他的担子是轻的。①

19. 为了结束这个问题的讨论我想作如下断言：如果把英格兰和威尔士的全部土地按每三平方英里划分为一个区域，那么我们可以建立教区的区域也不过只有四千个而已。

20. 如果有人说把这部分什一税转让出去是窃取圣物有悖天理的行为，那么我想说的是，只要把它们用于保

---

① 《圣经新约·马太福音》第11章第20~30节："⋯凡劳苦担重担的人，可以到我这里来，我就使你们得安息。我心里柔和谦卑，你们当负我的轭，学我的样式，这样，你们心里就必得享安息。因为我的轭是容易的，我的担子是轻省的。"——译者注

卫上帝的教堂,用于对抗土耳其人和罗马教皇,以及将它们附属于他们的民族,那就不是窃取圣物。如果把这部分什一税的四分之三都给予那些在发放这项津贴的法令颁布之前就已经去世了的牧师的妻子和儿女,那就更不是有悖天理的行为了。

21. 如果我敢于提出削减教会财政来源这种建议的话,那么我就不怕再提出来,对剩下来的每个教区的牧师削减一部分他们的什一税和他们所获得的薪俸,让他们部分地靠教徒的自愿捐助去生活,这才是促进福音的途径,而且这样也不会触怒那些自认为自己的全部薪俸都应该依靠什一税来保障的人。

22. 我还要说的是,由于英格兰的男人比女人多,[①]而这种男女性别的不平衡是不利于人们繁衍后代的,所以这时候让牧师恢复单身生活,或者不允许已婚的人去做牧师,对全社会来说是有好处的。事实上,从五百万人中找出五千个能够并且愿意过单身生活的人是不难的,其比例只有千分之一。这样一来,由于牧师不能够结婚,

---

① 参阅:《根据死亡率表作出的对自然和政治的观察》(Natural and Political Observations Made upon the Bills of Mortality),第 8 章。——1899 年版注
　　约翰·格兰恩特(Graunt, 1620~1674)是当时伦敦的一个缝纫用品商,人口统计学家,英国皇家学会会员,也是配第的好友。格兰恩特书中所根据的死亡率表原来是伦敦几个教区所埋葬人数的每周和每年的统计表。——译者注

独身的牧师们只需要他们现在薪俸的一半就可以维持他们现在的生活水平了。

23. 但是教区数量和牧师薪俸的削减必须始终坚持一个前提条件，那就是这种削减不能使现在正在奉职的牧师蒙受损失。

24. 至于如何削减行政、司法方面的开支，解决的办法有：废除不必要的、多余的以及没有任何现实意义的官职；把其他保留下来的官职的待遇降低到与执行该职务所需要的劳动、担任该官职所需要的能力以及民众对该官员的信任度相适应的程度。事实上，有很多官员的职责是由该官员的助理人员完成的，这些助理人员的薪俸是非常低的，而那些薪俸比这些实际干活的助理人员高出十多倍的官员们，他们根本就不知道这个官职的职责是什么，不知道他们应该做什么，也不知道他们已经做了什么。

25. 如果给予官员的薪俸是合理的，那么剩余下来的那部分赋税就应该或者交还给那些向君主缴税的国民，或者由君主保留以作为公共开支之用。但是，切不可在某些人反反复复的请求之下，将省下来的这些税金赐给这些人，这种恩惠只会使他们以及他们的跟随者变得更加懒惰，更加使他们不顾国家的利益，不顾他们自己真正的利益，也更不顾公共福利。

26. 像这样的例子不胜枚举，但是我不想特别地伤害哪一个人，所以在这里我也不再继续说下去了，我只希望错了很长一段时间的事情能够得到全面的改正，其实这样任何人都不会受到损失。因为所有人都受到了损失就等于所有人都没有受到损失。计算贫富的标准不是占有财富的绝对数量，而是占有财富的相对比例。如果所有人都失去自己现有财富的一半，那就相当于每个人都没有变穷；同样的道理，如果所有人现有的财富都增加一倍，还是相当于每个人都没有变富。

27. 关于如何削减各个大学的教育开支，这里我把伦敦的那几个法学协会也算在各个大学之内，它们的开支不是很大，我认为，应该通过减少神学、法学和医学这三个专业的社会需求量来减少这三个专业的学生人数。

上面我已经谈了神学的问题，下面我再来谈一下法律的问题。我认为如果能够做到我说的以下几点，那么我们再接受到的诉讼案件和再处理的法律文书将决不会超过现有的十分之一：设立土地财产登记簿，设立登记所有人的土地财产以及土地财产转让的凭证和契约；创建公共贷款银行，允许存在职业贷款业者，或者创建以存款、金银器皿、珠宝、布匹、羊毛、丝绸、皮革、麻

第 2 章 公共开支增加和加重的原因 17

布、金属以及其他耐用品为担保的信贷银行①等等。

28. 此外，如果我们按照人口、土地及其他类型财富的拥有状况把法官和法院公证人员的人数进行调整的话，那么法院剩下来的人数是决不会超过现有人数的百分之一的。鉴于我曾经听到有人说现在的法官以及法院公证人员的人数比实际需要的人数多十倍；而且现在的诉讼案件也要比进行了我说的上述改革之后可能出现的案件

---

① 当时把荷兰的财产登记制度和信贷业务介绍到英国来，是所有主张学习并模仿荷兰的人们的共同的要求。参阅罗雪尔：《十六和十七世纪英国国民经济学史》（Roscher, Gesch. der engl. Volkswirthschaftslehre, 1851~1852）第 63 页；蔡尔德：《间断的观察》（Child, Brief Observations, 1668）重印于《贸易新论》（New Discourse）第 5 页和第 7 页；坦普尔：《荷兰联邦的考察》（Observations upon the United Provinces, 1673）第 83~85 页，第 200 页。——1899 年版注

　　威廉·罗雪尔（1817~1894），旧历史学派经济学家，主要造诣在历史哲学方面，除《十六和十七世纪英国国民经济学史》外，其代表著作还有：《德国国民经济学史》（1874）；《工商业国民经济学史》（1881）；《财政学体系》（1886）；《济贫制度与济贫政策体系》（1894），等等。

　　乔赛亚·蔡尔德爵士，著作家，重商主义者，他力主利率应进一步减少到 3%，这个利率是那时荷兰的时率，而且据认为这给了荷兰商人一种对他们的英国竞争者的优势。《贸易新论》英文全称 A New Discourse of Trade，1668 年初版，1690 年二版。

　　威廉·坦普尔勋爵（1628~1699），英国政治家和外交家，在他 1670 年左右写的《荷兰考察记》（Observations on the Nether-lands）中他还提到，荷兰的商业在那时已经过了它的最高峰；可以肯定是，荷兰商人的大部分资本，主要是积累在荷兰与克伦威尔、查理十二世以及路易十四的各次战争之前，那时利润率比以后任何时期都要高很多。——译者注

在数量上多十倍。所以整体来说,改革之后我们所需要的司法人员和从事相关法律事务的人员的人数可能还不到现在人数的百分之一,并且与此同时犯法和犯罪的几率也会大大减少。

29. 至于医生,我们通过观察最近的人口死亡率表所列的数据,就不难从死亡人数中得到伦敦的病患人数,也不难从城市的患病率中得到农村的患病率。根据这两方面的数据以及熟悉这方面情况的医学院的意见,我们就可以计算出全国一共需要多少名医生[1],也就可以计算出我们应该招收多少学生去学习医学,这其中包括政府给予一定奖励资助其学习医学的学生。最后,在得到这些数字结果之后,还可以确定出学习做外科医生、药剂师和护士的学生分别应占多少比例。这样我们就可以把

---

[1] 配第曾经在1650年6月25日被确认为伦敦医学院的教授候选人。1655年7月14日,他还被选为伦敦医学院的校务委员会委员,但是由于他当时在爱尔兰,所以直到1658年6月25日才正式就任该职务。参阅:《伦敦皇家医学院名册》(by W. Munk, Roll of the Royal College of Physicians of London),第二版,第一卷,第271页,"他(指配第。——译者注)也是1664年3月26日任命状中所任命的40位校务委员会委员之一。"另参阅:《皇家医学院》(by C. Goodall, The Royal College of Physicians, 1840),第70页,"他(指配第。——译者注)的建议并没有完全地背离这个组织(指伦敦医学院的校务委员会。——译者注)的宗旨,这个组织建立的目的就是旨在'改进和完善行医的质量、水平,把那些不遵守规则的、不学无术的庸医开除出去'。"——1899年版注

医生这一神圣职业中的骗子和滥竽充数者全部清理掉。要知道医生这一职业是世俗职业中的神圣职业，它是我们的救世主本人在开始布道之后最初从事的职业。

30. 此外，如果上述我谈的几点意见和建议能够为大家所同意，那么，大家认为公共服务到底分别需要多少牧师、医生、文职官员（即由大学培养出来的人）呢？假设按照现在的情况目前有这些人员一共一万三千人，那么按照我的建议进行人员精简改革之后，这个人数将降到不足六千人。假设每年每四十个人中就有一人死亡，那么各大学每年只需要培养不到三百五十名学生就够了。假如这些学生在大学里学习的平均时间是五年，那么在校生的人数就是大约一千八百人。我这里是对那些立志以做学问为谋生之道的人讲的。

31. 我估计，如果有一千八百名学生就已经足够了，而现在英格兰的教区儿童和孤儿共有四万人，那就是说，这些孩子中每二十人里面就会有一个将超凡脱俗和前途无量。

如果社会能够保证所有儿童自由地发展，而且我们的大学也有能力同时培养一千八百名以上的学生，那么大学教授在选拔和教育学生的时候应该采用什么样的方式呢？关于这个问题，我到后面再谈。

32. 这里我还想再附加说一下，由于有了前面我所谈到的贷款银行,我们就可以了解到全部商人的信用和资产情况,也就能够有效地预防货币方面的一切意想不到的风险;由于我们很好地掌握了我国的经济增长状况、工业品生产状况、消费状况以及进口状况,我们就能够知道我们需要多少贸易商来经营我国的剩余产品与别国的剩余产品相交换的业务,也就能够知道我们需要多少零售商来经营把商品再分配到我国国内的每个村庄以及再把农村的剩余产品收购上来的业务。在这种计算的基础上,我估计商人数量的很大一部分也是可以削减的,而且商人本来也没有从公众那里获得任何好评,他们只不过是以贫困的劳动人民的劳动作赌注互相赌博的赌徒,如果把国家比喻成人的身体,那么国家的血液和养分就是农业产品和工业产品,而商人们只是促进国家的血液和养分循环的静脉血管和动脉血管而已,他们本身是不生产任何东西的。

33. 如果能够把那些与行政、司法以及教会相关的许多官职和费用予以削减,把那些从事对社会的贡献微不足道、所获得的报酬却极为可观的职业的人数也予以削减,比如律师、法官、医生、贸易商、零售商等等,那么公共支出的支付将会是多么容易!这部分赋税的征收又将会变得多么公平!

34. 第 1 章中我们列举了六项公共开支的内容,这一章我们已经首先大约谈了其中四项应该削减开支的内容，谈了它们为什么会增加以及怎样才能使它们得到削减。下面我们将重点来讨论另外两项内容的情况，因为这两项内容是应该增加开支的。

一般说来，我把这两项内容中的第一项叫做贫民救济，包括收容身体尚好的老人、盲人和跛足的人等的收容所的费用开支；各种医院的费用开支，如治疗疑难杂症、慢性病的医院，收治可以治愈的病人，或者患有绝症的病人，或者内科病人，或者外科病人等各种病人的医院，还有治疗急性病和各种传染性疾病的医院等等；收容孤儿、无家可归的儿童和弃婴的收容所的费用开支。关于弃婴，只要他们的姓名、家世和亲属的情况能够被保密，不管他们的人数有多么多，收容所一律不能拒绝接收。因为当这些孩子长到八岁或者十岁的时候，国王就可以对他们进行选拔了，通过对这些孩子的选拔，国王可以得到为他执行各种事务的最好的帮手。这些孩子都会像国王的亲生子女一样，忠心耿耿地为国王服务，这一点将是毫无疑问的。

35. 其实这些并不是什么新鲜事物，只是在有些国家它们往往被忽视了，所以才会被看成是罕见新奇的事。人们并非不知道这些机构已经结出了非凡的果实，我们以后在别的地方再谈这个问题。

36. 如果所有无依无靠的人和没有劳动能力的人都得到了赡养，所有懒惰成性的人和盗窃成性的人都受到了法官的管束并得到了应有的惩罚，这时候我们就应该为所有其他的贫民寻找一份固定的工作了。如果这些人能够循规蹈矩地好好工作，他们是应该能够丰衣足食的；他们的子女如果尚年幼还没有劳动能力的话，也应该像上面所说的那样，被送到其他的地方去抚养。

37. 那么，我们要给这些贫民寻找的固定职业是些什么样的职业呢？我的回答是，这些职业应该是公共开支第六项内容所涉及的那些职业，包括：所有公路的加宽、加固和养护，这样可以大大减轻旅行的烦恼和车马的费用；疏浚河道，使河流通航；在合适的地方植树造林，以供砍伐、观赏和水果种植；修建桥梁、河堤；开采金矿、石矿、煤矿；冶炼钢铁，等等。

38. 首先，我把这些人从事的所有这些行业作如下分类：第一，本国稀缺的产业；第二，需要劳动力多而技术少的产业；第三，在英格兰新出现的产业，它们可以填补我国几乎完全破产的纺织业①。

---

① 英格兰的纺织品贸易已经开始衰落，这在 1662 年是人们的一种普遍观点（1899 年版注在这里列举了一些曾论述过当时英国纺织品产业和贸易衰败的书籍文章，因为书名、作者采用了简写形式，无从查证，故略去不译。——译者注）。——1899 年版注

第 2 章 公共开支增加和加重的原因

其次，有人也许会问，谁来供养从事这些产业的人呢？我的回答是：所有人，由所有的人共同来供养从事这些产业的人。我的理由是，假设某一个地区共有居民一千人，其中有一百人为全体一千人生产生活必需的食物和衣服；有两百人生产用以和其他国家以货币形式或者以实物形式相交换的产品；有四百人从事服务业，负责全体居民的休闲娱乐，制作奢华的装饰品；再有两百人是行政官员、牧师、法官、医生、贸易商和零售商，这总共是九百人。余下的一百人就可以固定地从事上述的职业，他们完全可以被供养。但是现在的问题是，虽然有富余的食物可以供这一百人吃，但是他们怎样才能得到这些食物呢？是乞讨还是偷窃？他们是应该因为乞讨不到食物而饿死，还是应该因为偷窃而被处死？再或者干脆把他们送到那些愿意接受他们的国家去？我的意见是，很显然，既不能让他们去乞讨，让他们饿死；也不能让他们去偷窃，让法官把他们处死；更不能把他们送到别的国家去。如果让他们去乞讨，他们一定会今天饿得饥肠辘辘，明天可能又有机会大吃一顿，这样会引起疾病并且还会养成不良恶习；如果让他们去偷窃，情况也会一样。还有一个问题是，如果这些人乞讨到的食物或者偷窃到的东西多于他们维持生存实际需要的数量，这就会使他们产生以后永远都不想再去劳动的想法，即使他们偶然遇到了一个改变现状的绝好的机会，他们也不会去争取，因为他们已经不肯再去劳动了。

39. 鉴于上述理由，我们可以知道，相比较而言，把社会剩余的东西给这些人确实是一种较为安全保险的方法，否则的话，这些剩余的东西也会最终丢失或者被浪费掉。如果社会没有剩余产品，那么可以把其他人饮食的质量和数量降低一些，因为绝大多数人的实际消费都不会低于维持生活的最低消费的两倍。

40. 这些多余的人的工作最好是不需要耗费外国商品的工作，即使是让他们到索尔兹布里平原①修建毫无用处的金字塔；或者让他们把斯顿亨奇②的石头运到塔山③上去；或者让他们做其他类似的工作，都无所谓。至少这类工作既可以锻炼他们的精神，使他们养成服从命令的习惯；又可以锻炼他们的身体，使他们在必要的时候能够从事为社会带来更多收益的劳动。

41. 为了证明以上我的建议是非常有实用价值的，接下来我还要谈一谈修筑公路、疏通河道、建设桥梁河堤

---

① 索尔兹布里平原（Salisbury Plain）位于英格兰中部的威尔特郡，距离伦敦市约90英里。——译者注
② 斯顿亨奇（Stonehenge）是索尔兹布里平原上的古代石柱群。——译者注
③ 塔山（Tower Hill），山名，有千年历史的伦敦塔建于其上，伦敦塔中间的城堡称为白塔，是英国王室最早的居所。——译者注

这些工程,除了可以用于休闲娱乐和美化市容市貌之外,还有些什么别的用处。对于这个问题,我的回答是(也作为回答前面问题的一个例子,道理是一样的),这些工程还有助于把爱尔兰的牛羊大批运出去,同时也有助于把英格兰的优良马匹大量地运进来。英格兰的马匹品种优良,健美、强壮、勇猛、敏捷、耐性好等各种特性都在别国的马匹之上,这是英格兰的水土带给英格兰特有的财富,是其他地方仿造不了也抢不走的,所以它们在欧洲的销路非常好。而且,马这种商品是能够把自己和商人一起运到市场里去的,无论路途有多远。

第 3 章　导致国民不甘心承担赋税的原因如何才能减少

1. 我们已经从大体上对公共开支的六项内容分别作了论述，指出了哪几项开支应该削减，哪几项开支应该增加，尽管论述得不十分全面并且还很仓促。

接下来我们来讨论一下如何减少导致国民不甘心承担赋税的一般原因，使人们心甘情愿地缴纳赋税。

2. （1）国民认为国王的索取超过了他们的需要。对于这一点，我认为，假如国王能够从他的臣民那里按时征收到他想要的赋税的话，那么，如果他预先把这部分税金从他的臣民那里征收上来，然后存到他自己的金库里，这其实是他自己的一种极大的损失。原因是，货币在国民手里是可以通过商品交换或贸易等行为获得增值的，但是储藏在国王金库里的货币却是毫无用处的，这不仅对国王本人毫无用处,而且还很容易被其他人乞求了去或者被挥霍掉。

3. (2) 不管赋税多么重,如果政府能够对所有人一视同仁,按照合理的比例对每一个人征税,那么相对任何人来说都不会由于负担了赋税而使自己的财富减少,道理和前面说过的一样。如果所有人的财富都减少一半或者都增加一倍,人们的贫富关系不变,相当于每个人都和原先一样富有或者一样贫穷。因为每个人都仍然保持着原来的地位、尊严和身份。而且,以赋税的形式征收到的国家货币并没有流向国外,所以和任何其他国家相比,本国的富有程度也还是和原来一样,没有发生改变,所改变的只是在短时期内,也就是在将从某些人那里征收来的货币返还给那些人或者其他缴税人之前的那一段时间内,国王所拥有的财富和国民所有拥有的财富之间的比例。在这种情况下,经过重新分配,可能会出现某些人获得收益而另一些人蒙受损失的情况;或者说,重新分配以后,每个人都有可能变得比以前更富,当然也有可能变得比以前更穷。

4. (3) 使纳税人感到最为不满的,是对他们课征的税额高于对他们的邻居课征的税额。对于这一点,我的看法是,发生这种情况有时候是由于一时的错误,或者只是一种偶然的现象,在下一次征税的时候就可以纠正过来从而使人们满意。即使确实是有人故意要对某人课征比他的邻居高的赋税，那也只能说可能是税务官有意要这样做，而不能说我们的国王有意要这样做。而且，我认为做了这种事情的税务官，在他下一次征税的时候一定会受到那个对他的做法不满的纳税人的报复。

5.（4）当人们想到他们所缴纳的赋税被花在搞宴乐上、盛大的集会上，被用于粉刷凯旋门等事情上的时候，他们就会感到不满。对于这一点，我的看法是，这种支出实际上是把征收来的赋税又支付给了从事这些工作的人。比如搞盛大的集会，看起来毫无意义，但是正是这种盛大集会的支出使得被征收上来的货币立刻回到了那些对社会最有用的人手里，也就是回到了酿酒师、烤面包师、鞋匠、裁缝等人手里；而且其实国王从这些集会和宴乐中所获得的乐趣，并不比他的十万个卑贱的臣民从中所得到的乐趣多多少，他的臣民们从中得到的乐趣也不比他们的国王少多少。人们一边发牢骚对这种奢华表示不满，一边又不惜远路跋涉前来参加他们认为是错误的、惹人烦的盛大集会。

6.（5）人们经常抱怨国王把依靠从国民那里征收赋税所得来的钱财恩赐给了那些被他宠爱的人。关于这一点，我想说，国王赐给他的宠臣的货币一转手就会再流入到纳税人的手中，或者说流到那些人们希望的或认为值得得到这些钱的人手中。

7. 关于这一点,我还想说,今天这个人是国王的宠臣,明天也许是别的人,甚至我们自己也可能成为国王的宠臣。国王的感情是飘忽不定和捉摸不透的,他要宠信哪一个人是没准儿的,他要不宠信哪一个人也是没准儿的,所以根本用不着羡慕别人,要知道登山之路也是下山之路,成也萧何,败也萧何。况且,不论英格兰的法律还是习俗,都没有规定出身卑贱的人的子弟不得担任国家要职,更不用说不允许他们得到国王的宠信了。

8. 所有这些一般人脑子里容易产生的想法都使得人们不愿缴纳赋税,而这样反过来又会迫使国王对他的臣民们采取严厉的手段强迫他们缴税。如果国王采取的严厉手段偶然地被用在那些家庭负担重和极度贫困的人们身上时,他们就会顽强地反抗纳税,这就会使那些容易轻信表面现象的人对国王的压迫产生不满,进而对国王所做的其他事情也产生不满,这样反过来又加重了原先的不满。

9. (6) 政府对于本国人口的数量以及产业和财富的状况一无所知,这通常也是使人们不得不承受不必要的纳税负担的一个原因。由于政府对本国的这些状况了解不够,原来只需要课征一种赋税的情况,现在却要课征两种或者两种以上,甚至再加倍,使得国民的负担加重,备感艰辛。最近的人头税就是一个例子,由于政府不了解国民的情况,不知道应该加以征税的各类人到底有多少,也没有评估税率的明确标准,又把财产和头衔、官职混杂在一起,所以在征税的时候犯了很多错误。

10. 此外,由于国王不了解国民的财富状况,也就不知道他的国民到底能够负担多少赋税;又由于国王也不了解国内的产业状况,所以也不能判断出什么季节应该是向国民征收赋税的最佳时节。

11. (7)征税权不明确,这既是使国民不愿缴税的最重要的原因,又是迫使国王采取严厉手段征税的原因。最典型的例子就是船舶税,它是我们整个王国二十年来所发生的所有灾难的重要原因。①

12. (8)人口的缺少才是真正的贫穷。如果两个国家的国土面积相同,但人口数量一个国家是另一个国家的一倍,比如一个国家拥有八百万人口,而另一个和它国土面积相同的国家拥有的人口却只有四百万,那么这个人口多的国家其富裕程度就会比这个人口稀少的国家高不止一倍。这是因为供养行政官员的开支是很大的,

---

① 在英国历史上,查理一世任国王期间(1625~1649),由于与西班牙和法国的战争而使政府严重财政困难,因此国王在未经议会同意的情况下强征关税,尤其是在伦敦及其他港口城市,以沿岸警备为名,命令各地提供船只和船员,这就是"船舶税",对此,代表广大人民利益的英国议会与国王进行了长久的斗争。——译者注

但是一个行政官员管辖的人多一些还是少一些对于他是否能够完成自己的行政任务几乎没有什么影响。也就是说,同样数量的行政官员不管他们管辖较多的人口还是较少的人口,他们差不多都能同样完成任务。

13. 关于人口的问题,我还想说第二点,就是如果一个国家的人口少到只需要靠自然物产,或者只需要靠经营畜牧业之类的轻微劳动就可以维持人们的生活,那么这个国家的人就会变得没有任何技能;而且世上哪有不愿动手劳作的人是能够忍受精神上的折磨的?精神上的折磨有很多,比如过度思虑。

14. (9) 货币短缺也是造成缴税情况不好的原因之一。我们可以考虑一下,如果一个国家所拥有的全部财富,即土地、房屋、船舶、商品、家具、器皿,也包括货币等,其中只有百分之一是铸币,就像英格兰现在只有六百万英镑的货币一样,① 也就等于在英格兰每个人只有二十先令的货币,我们很容易得出这样的结论:在这样的情况下,即使一个人拥有很多的财富,要让他一下子支付一大笔货币也是很困难的。而一旦他一时筹不到这么多的货币来缴纳税款,那么等待他的将是一系列的责罚,比如罚款。发生这样的事件虽然非常不幸,但也

---

① 配第在他的《政治算术》第 9 章中又提到了这个数字,并且用数学方法进行了推算。

无可厚非，因为让一个人遭遇这种不幸总比让所有人都遭遇这种不幸要好，只有一个人遭遇某种不幸的时候，这个人对于这种不幸比较能够采取容忍的态度，虽然实际上当所有人都遭受某种不幸的时候，其实人们更加会采取容忍的态度。

15.（10）政府规定所有的赋税都必须以货币的形式缴纳，这看起来似乎是有些不合理。因为这样的话，由于肥牛和谷物等实物不能作为缴纳赋税的一种形式，所以农民不得不先把这些实物运到很远的可能十英里多远的地方去出售以换回货币来缴税。现在假如国王要向停泊在朴次茅斯①港的船舶调拨粮食，那么他就要用收上来的货币形式的税款再到很远的可能十英里多远的地方去购买粮食谷物，这完全是一种浪费。

16. 另外，由于农民急于要卖出他们的谷物，这就迫使他们不得不以低价出售，而国王由于急于要购买这些谷物，这就迫使他不得不以高价购买，所以，假如可以在当时当地以实物缴纳赋税，那么贫苦的农民就可以减轻许多苦难。

17. 再一个需要考虑的问题是过高的赋税对全体一般民众而言有什么样的影响，会产生什么样的后果，这里

---

① 朴次茅斯（Portsmouth），英格兰南部的自治市，邻英吉利海峡，与怀特岛相对相望，1194 年取得自治权，是主要的海军基地。——译者注

我们不考虑赋税过高对前面我们所说过的那些特殊的人的影响以及对他们产生的后果。关于这一点，我想说，维持一国的商业和贸易正常运行所需要的货币量是有一定的标准和一定比例的，货币量过多或过少都会对一国商贸的正常运行产生不利影响。这正像流通中的货币存在一定量的铜币的情况一样，为了便于和银币兑换，也为了便于结算不能用小银币结算的款项，在为数不多的零星小买卖中，必须有一定比例的铜币的存在，但多了也不行，少了也不行。货币，这里指金银铸币，对生活必需品（即食物和衣服）的关系，正像铜币及其他地方性辅币对金银铸币的关系一样。

18. 商业中所需的铜币量是由人口数量以及铜币的交换次数来决定的，主要是由最小银币的价值决定的；同样，商业中所需的货币量也要由货币的交换次数和支付额度来决定，而通常并不是由法律和习惯来决定的。所以，如果国家设有土地财产登记簿、登记所有人的土地财产及其转让的凭证和契约；或者设有金银器皿、毛纺织品、亚麻布、皮革及其他的必需品的存储所；或者设有经营货币的银行，那么，维持商贸正常运转的货币量就可以减少。因为这样一来，所有的大笔巨额支付行为都可以通过土地来进行，其他所有的大约在十镑或者二十镑以上的支付行为都可以通过信贷业者和借贷银行的信用来进行,那么就只有十镑或者二十镑以下的支付行为是需要货币进行的了。这种情况就如同银币的最小价值单位为多少和市场上所需的铜币量之间的关系情况一样,比起银币的最小价值单位是两便士的时候来,银币的最小价值单位是六便士的时候,市场上交换所需的铜币量会少一些。

19. 根据上述谈到的各点,我想说,即使一国国内的货币量过多,国王也应该允许(并且这样做也没有什么问题)他的子民用他们最容易拿出的实物来缴纳税款,只要国王把所有多余的货币都存入自己的金库就可以了。实际上,如果国王能够这样做,则无论对社会对国王,还是对每个人,都是有益无害的。

20. 另一方面,如果国家课征的赋税过多,使得市场上流通的货币量不足以维持国内正常商贸活动的需要,那么直接的后果就是工作量的减少;工作量减少的害处和人口减少、工人技术水平及勤劳程度降低的害处是一样的。这是因为如果把一百镑货币作为工资在一百名工人手里传递,那么这一百镑货币就会产生价值一万镑[①]货币的商品,但是如果没有这种继续就业的动力,那么这些工人就会终日无所事事,变成无用的废人。

---

① 1679 年版为"一千镑"。——1899 年版注

21. 在我看来，如果国家把各种类型的税收都直接用于购买国内生产的商品，那么征收赋税对于全体国民来说就是没有害处的，它只是使人们的财富和财产发生变化而已，最明显的就是使财富和财产从某些占有土地而游手好闲的人手里转移到了那些聪敏而勤劳的人手里。举例来说，某个地主以每年一百镑的租金把自己的土地租给农场主若干年或者若干代，而国家为了维持海军军需，每年向某个地主征收二十镑的赋税，这二十镑货币将被分配给海员、造船工人以及其他与海军有关的各行业的人。因为地主对自己的土地是自己说了算的，那么他在每年被政府课征二十镑货币，也就是政府所课征他的田赋占到了他所收取的地租总额的五分之一的情况下，他一定会按照这个比例向他的转租人增加地租，或者把所出售的家畜、谷物和羊毛的价格提高五分之一。其实靠这个地主的土地生存的其他人也会这样做，这样一来这个地主就能在一定程度上收回相当于他所缴纳的田赋金额的货币了。最后，只要所征收的税款被全部投入了海中，那么最终的结果只能是每个人都必须增加五分之一的工作量或者减少五分之一的消费量。如果对外贸易状况能够得到改善，那么结果就是前一种情况，人们要增加劳动量；如果对外贸易状况不能得到改善，那么结果就是后一种情况，人们就要减少消费量。

22. 我认为，在一个施行了良好政策的国家里，上面我所谈到的这种赋税应该是国家开征的所有赋税中最不好的一种赋税。但是，在那些对乞讨和盗窃行为没有一定预防性政策的国家里，乞讨和盗窃才是那些没有工作的人的真实的生存状态。这里，我承认，过于沉重的赋税会引起社会物资的极度短缺，甚至会引起日常生活必需品的极度匮乏；并且，由于这种社会物资的极度匮乏来得非常突然，这样对于那些个别的愚昧无知的人来说，他们可能一下子就找不到赖以生存的活路了，按照自然法则，这种情况必然会导致这些人认为只有依靠自己和相信自己，也就是通过抢劫、诈骗来维持自己的生存。但是依照我们现行的法律，他们抢劫、诈骗的行为势必会违反法律，受到法律的制裁，如被判处死刑、截肢、体罚、监禁等。因为抢劫和诈骗是严重危害国家和个人利益的犯罪行为。

第 4 章 赋税征收的方法

第一,把国家的全部领土按照一定比例划分出一部分作为王领地用以征收土地税,将其用于各项公共开支。

第二,对私人财产或者地产作估价以征收估价税或者土地税,将其用于各项公共开支。

1. 假设引起公共开支增加的各种原因可以被尽可能地减少,而且国民对于政府开支和国防开支以及维护国王和国家的荣誉所需要的开支愿意承担他们应承担的份额,那么,现在我们需要提出来的是,通过哪些方法和途径能够最容易、最迅捷地在人们不知不觉中把这些赋税征收上来。在提出这些方法和途径之前,我想先分析一下近年来欧洲各国实行的主要的征税方法的便利之处和不便之处,以及其他一些不常用也不重要的征税方法的情况。

2. 设想一定人数的居民在某一个地方耕种土地，经过计算得出，这些居民每年需要两百万镑的公共开支；或者我们设想，这些居民比其他地区的居民更加勤恳地劳作，这时候计算得出的结果是，应该将他们在这片土地上的全部劳动所得的二十五分之一扣除下来用于公共开支，也许这个比例是十分适合英格兰的情况的，这一点我到后面再说。

3. 现在的问题是，有没有一种或者几种方法可以征收到这些用于公共开支的经费。我们提出的第一种方法是，对土地本身进行划分，也就是说，从英格兰和威尔士的全部所有两千五百万英亩的土地中划出可以提供两百万镑地租①的土地作为王领地，划出的这部分土地大约占土地总数的六分之一，也就是四百万英亩左右的土地，就像过去爱尔兰那四个州②被没收充公的情况一样；或者采用第二种方法，即课征全部地租的六分之一作为土地税，这个比例与爱尔兰的投机分子和士兵缴纳给国王的免疫税的金额大体相等。这两种方法比较起来，后一种显然更好一些。因为对于国王来说，后一种方法更加安

---

① 这里指高额地租（Rack-rent）。——译者注
② 这四个州是都柏林（Dublin）、基尔德尔（Kildare）、卡罗（Carlow）和科克（Cork）。——1899年版注

全可靠，而且有更多的承担纳税义务的人。但是征收土地税的人力、物力以及经费开支要尽量节省，以免抵消它对于第一种方法的优势。

4. 这种方法在新的国家里应该是比较适合的，比如在爱尔兰，在人们甚至还没有占有任何土地之前，全国上下就对征收和缴纳土地税达成了一致。这样，今后任何在爱尔兰购买土地的人就都不必再缴纳原本应该课加在他们身上的免役税了；这种情况就和今后土地面积大幅度减少，或者购买土地的人们知道这里的土地要缴纳什一税，因而就再不必承担免役税的情况一样。如果一个国家平时就把地租的一部分以征收土地税的形式留给国家，而不需要对国民征收临时的或者突然的税收，那么，这个国家一定是一个幸福安康的国家。因为临时的或者突然的额外征税其实才是税收负担沉重的真正原因。前面已经说过，在政府开征土地税的情况下，不仅仅是地主要缴税，而且每一个依靠这片土地生活的人都要缴税；人们哪怕只吃了一个鸡蛋或者一颗葱头，对于那些雇用这些吃鸡蛋和吃葱头的雇农的雇主也都要缴税。

5. 但是，如果国王提出在英格兰征收土地税的话，或者说，从每个地主的地租中征收一部分给国家的话，由于英格兰的地租已经固定并且长期以内不能改变，那么，就只能由地主来承受这种沉重的赋税负担了，而其他人却会因此而得到好处。我们假定地主 A 和地主 B 各有一小块土地,且土质和价值都相等。再假设地主 A 已经把他的土地以每年二十镑的租金出租,而地主 B 还没有租出他的土地。假如现在政府同时对这两块土地征收相当于其地租五分之一的土地税,那么,这时地主 B 是绝对不会以少于二十五镑的地租出租他的土地的。因为这时地租如果不到二十五镑,则地主 B 缴纳完田赋之后余下的租金就不到二十镑了;可是这时地主 A 却只能得到十六镑的富余地租。但是尽管如此,租种地主 A 土地的人,却可以以二十五镑租金租种地主 B 土地的人的身份出售其产品的价格,来出售他以二十镑租金租种的土地生产出来的产品。最终的结果就会是:第一,地主 B 出租其土地所得地租的五分之一归国王所有,国王得到比原来更多的税收;第二,租种地主 B 土地的人获得了比国家没有征收这种田赋之前更多的利益;第三,租种地主 A 土地的人所获得的利益等于国王获得的利益与租种地主 B 土地的人获得的利益的两者之和;第四,国王征收的土地税最终是由地主 A 和消费者负担的。这样一来,土地税实际上最终变成了对消费者的消费行为课征的国内消费税,而且怨言越少的人负担的这项赋税越重;第五,一部分地主是可以得到利益的,只有那些预先确定了地租的地主会蒙受损失,并且这种损失是一种双重损失。因为一方面这些地主的收入不能增加①,另一方面他们所要消费的粮食的价格却上涨了。

6. 我们提出的另外一种可以征收到公共开支经费的方法是征收房屋租金税。征收房屋租金税比征收土地税具有更多的不确定性。这是因为房屋具有两重性质:一方面它是消费的方式和途径;另一方面它又是获得收益的工具。例如,在伦敦的同一座建筑物里,用来开商店的房间与用来开餐厅的房间相比较,显然无论从建筑质量上来说还是从建筑费用上来说,前者都不如后者,但是前者的价值却远远大于后者。同样的道理,地窖和地下室的价值都比舒适明亮的房间的价值大,原因是后者是用于消费的,而前者却是能够带来收益的。因此,根据它们的性质特征,后一种房屋的价值要用评估国内消费税的方法来进行评估,而前一种房屋的价值则要用评估地租的方法来进行评估。

7. 这里我们想顺便谈一个问题:由于国家不鼓励新建房屋②,特别是在新地基上建房屋,所以有时候国家是

---

① 原文为"一方面这些地主的收入能够增加",应为作者笔误。——1899年版注
② 1656 年第 24 号法令,参阅:斯考贝尔编著的《法令汇集》(H. Scobell, A Collection of Acts and Ordinances of General Use),第二卷,第 484 页;肯宁汉姆编著的《英格兰工商业的发展》,第二卷,第 174 页(W. Cunningham, The Growth of English Industry and Commerce)。这条法令的目的是限制伦敦市郊建筑物的过多增加。——1899 年版注

对房屋课征了不合比例的赋税的，国家的目的是用这种方法限制像伦敦这样过度发展以至于威胁到了君主政权的城市①的发展，虽然比起那些像威尼斯那样的政权掌握在市民手里的地方，英格兰的政权还是比较稳定的。

8. 但是我想说，政府这种限制新建筑物增加的方法并没有达到它最初的目的。因为其实建筑物的增加是随着人口的增加而增加的，而如果人口没有增长，建筑物就不会增加。所以为了避免上面所说过的像伦敦那样过度发展的城市威胁到君主政权这种事情的发生，解决的办法是找出人口增长的原因，只要能够消除人口增长的原因，其他问题必然会得到解决。

那么政府禁止在新地基上建新建筑物的真实效果是什么呢？我的答案是，政府不鼓励建新建筑物的政策使得城市保持和固定在它原来的位置和地基上面不发生位移；如果政府鼓励新建建筑物，那么几乎所有的大城市都会在不知不觉中离开原来的位置和地基而向外发展，而且这个过程是不必经过多少年就可以完成的。

9. 发生大城市在不知不觉中离开原来的位置和地基而向外发展这种情况的原因是，人们不愿意以拆除旧房屋为代价来建筑新房屋。这是因为，先把旧房屋拆掉，

---

① 原文为"国家的目的是用这种方法限制城市的发展，我们可以设想像伦敦这样过分过度发展的城市是会威胁到君主政权的"。——1899年版注

再把旧房屋的地基作为新房屋的地基重新建筑新房,这两项工程都是耗资巨大的,而且新建筑还会受到原有建筑的很大限制,非常不便利,所以人们都是在新的没有任何限制的地基上面建筑新的房屋;对于旧房屋,只要没有坏到无法修理的地步,人们都只会粗粗地进行一下翻修而已。等到这些旧房屋坏到无法维修的地步的时候,它们不是变成流氓团伙的巢穴,就是随着时间的流逝又变成荒地或者菜园了,这样的例子在伦敦附近比比皆是。

如果大城市的自然特性就是倾向于移动它的位置,那我想问,它们会向什么方向移动呢?我的回答是,就伦敦的情况来看,它必然是向西移动的。这是因为在伦敦一年中差不多有四分之三的时间风向是从西往东吹的①,所以东部地区几乎终年笼罩在烟雾、蒸汽和臭气

---

① 伊夫林曾经提议通过议会立法,把所有使用煤炭作燃料的工厂都搬到距离伦敦市区五六英里以外的泰晤士河中下游去。他的理由是,等于或者少于五六英里的距离,其造成的空气污染不仅有害于陛下的王宫所在地,而且还会使我们举世罕见的最辉煌最美丽的风景在每年整整九个月的季风期(指令人讨厌的刮西风的日子)里被笼罩在一片烟尘之中。参阅:伊夫林的《防风》,1661年版,第16页。——1899年版注

约翰·伊夫林(John Evelyn),著名的英国作家兼政府官员,英国皇家学会会员。《防风》(Fumifugium)一书全名 Fumifugium on the Smoke of London Dissipated,是一本关于空气污染的书。伊夫林在此书中严厉批评了工业资本家的冷酷和短视,并且对城市空气污染的相关议题,包括都市计划、建筑物的维护和造林技术等,提出了许多建议。——译者注

里，在烧煤的地区这种臭气是一个很严重的问题，而西部地区却很少有这种情况。如果大人物的住宅因为这个原因都移向了西部地区，那么那些依靠他们生活的人的住宅自然会尾随这些大人物也慢慢地移向西部地区。现在我们在伦敦看到的情况就是这样。现在伦敦市区达官贵人的旧宅已经变成了交通厅的办公楼或者被改成了公寓，而达官贵人们的住宅则都已经移向了西部地区。因此，我深信再过五百年，国王的宫殿会移到切尔西（Chelsey）① 附近，白塔的旧建筑群会按照那时的实际情况另作他用。如果在现在的王宫原有的地基上修建新的王宫，那么无论是修建庭院还是修建其他宏伟的建筑，所能修建这些建筑物的地方都显得过于狭窄，这是不利于建筑工程的进行的。所以在我看来，再要修建的宫殿要远离现在房屋拥挤的地区，就像原来的威斯敏斯特（Westminster）旧宫远离伦敦城一样，那时候弓箭手不到拉德门（Ludgate）就不必弯弓搭箭，而泰晤士、舰队街（Fleet-street）和霍尔班（Holborn）彼此之间的空地有现在的芬斯贝利广场（Finsbury-Fields）那么大。

10. 我承认说这些题外话没有任何意义，它既与赋税问题无关，其本身也毫无用处。我们连一天之内要发生

---

① 今伦敦自治城市，为文艺界人士聚居地。实际上英国王室的宫殿后来移到了伦敦市威斯敏斯特区。——译者注

的事情都不知道,为什么要为一百年以后的事情担忧呢?况且在那个时候到来之前,我们也不可能全部都移居到美洲去,而把这里留给土耳其人践踏,就像现在许多著名的东方帝国那样。

11. 但是我确信无疑的是,只要英格兰有人居住,那么最大的居住区就一定会在现在的伦敦附近。泰晤士河是我们岛内最便利的河流,而伦敦所处的位置又是泰晤士河最便利的地方,所以伦敦有便利的交通条件,这是非常有利于都市发展的。所以,我们应该雇用所有游手好闲的人去修建公路、桥梁、河堤,并且疏通河道,这又叫我回到我刚才偏离的征税方法的问题上了。

12. 在详细讨论各种与赋税相关的租金之前,我想我们应该先要尽力解释说明一下土地和房屋的租金以及货币的租金,也就是利息其所具有的神秘性质。

13. 假设一个人能够用自己的双手在某一块特定的土地上种植谷物,也就是说,这个人自己可以承担在这块土地上种植谷物的所有劳动,如耕地、犁地、耙地、除草、收割、搬运、打谷、扬筛等等;并且假设他有种植这块土地所需要的谷物的种子。现在我想说,从这个人一年收获的全部谷物中,扣除掉他下一年种植谷物所需要的种子,再扣除掉他自己一年所需要食用的粮食以及他为了获取生活必需品所需要同他人进行交换的部分,剩下的就是这块土地这一年理所当然的正常地租。这样一般连续七年，也就是大约经过歉收年和丰收年的一圈自然循环，求其平均数就得到用谷物表示的这块土地的一般地租了。

14. 但是，进一步来讲，还需要考虑一个连带的问题，那就是这些谷物和这些地租价值多少英国货币？我的答案是，这些谷物和地租所值的货币量，等于另一个专门从事货币制造的人在相同的时间内制造出来的总货币量，除去他自己生活必需的货币量之后剩下的货币量。也就是说，让这另一个人去白银产地开采、提炼白银，然后把提炼出来的白银运到种植谷物的那个人所在的地方去，在那里把这些白银铸成货币，并且我们假定这个制造货币的人在从事这一系列铸币工作的同时，自己生活所必需的食物和衣服也能够得到满足。我认为，铸币制造者制造的白银和谷物种植者种植的谷物，这两者的价值一定是相等的：假定铸币制造者制造的白银为二十盎司，谷物种植者种植的谷物为二十蒲式耳①，那么根据上述分析，一蒲式耳谷物的价格就等于一盎司白银。

15. 即使从事银币制造可能比从事谷物生产需要更多的技术，并且可能要冒更大的风险，但是结果都是一样

---

① 体积单位，容量等于八加仑。——译者注

的。因为如果让一百个人在十年中从事谷物生产，又让相同数量的人在同一时间里从事银币制造，我以为，银币制造的全部净收入就等于谷物生产的全部净产出的价格，而且银币制造的部分净收入就等于谷物生产的相同部分净产量的价格，尽管不是所有从事银币制造的人都非常熟悉提炼和铸造技术，也不是所有人都能躲避掉在矿山中工作带来的危险和疾病。这种方法也是确定黄金价值与白银价值之间的真正比率的方法，尽管许多时候黄金价值与白银价值之间的比率的确定会受到一些社会上流行的错误的干扰，有时候过高，有时候又过低，并且影响到了全世界。顺便说一句，这种错误也正是我们先前感觉黄金过多，现在又感觉黄金不足的原因。[①]

16. 我想说的是，上面所说的方法正是权衡各种价值，确定各价值等量关系的基础。当然，我也承认，在上层建筑和具体实践中，也是存在着很多变化的，也是错综复杂的，这一点后面我们再谈。

17. 全世界都是用黄金和白银来衡量各种物品的价值

---

① 为了缓解黄金的不足，1661年6月10日，英国颁布了禁止黄金出口的法令，但是黄金依然还是在不断出口。在这种情况下，国王和议会采纳了专家的意见，又人为地将金币价值作了提高。1661年11月20日又颁布了禁止车辆镀金的法令作为进一步的补救措施。参阅：鲁丁（Ruding）的《英国及其附属国的铸币史》（Annals of the Coinage of Great Britain and its Dependencies），第二卷，第4页。——1899年版注

的，但是主要是用白银。因为同时有两种尺度是不合适的，这样的结果就是在各种尺度中较好的一种必然成为惟一的尺度。也就是说，一定重量的纯银最终成为了人们衡量各种物品价值的尺度。但是如果衡量白银的重量和判断白银的成色非常困难，我从这方面经验最老到的专家们的各种各样不尽相同的报告中已经知道这种情况确实是存在的，就算假使白银的重量和成色保持不变，其价格也是会上涨和下降的：可能在某一个地方白银价格比在另一个地方贵一些，原因或许是远离矿山或者其他的偶然因素；也可能现在的白银价格比一个月前或者几天前贵一些。由于在白银价格增加或者减少的各个不同时期，那些用白银衡量其价值的物品的价格也会发生变化，所以我们还应该努力研究金银之外的某些其他的自然标准和尺度，当然前提是不使黄金和白银的作用减小。

18. 关于黄金和白银，我们可以用许多种计价单位来表示它们。在英格兰，我们通常用镑、先令和便士来表示它们，所有黄金和白银都可以用这三种计价单位中的一种来表示。但是，关于这个问题我想说的是，所有的东西都应该由土地和劳动这两种自然单位来衡量其价值。也就是说，我们应该说一艘航船或者一件上衣值多少面积的土地，或者说值多少数量的劳动。原因是航船和上衣都是由土地和投入其中的人类劳动创造的，这就是事实。所以如果我们能够在土地和劳动之间发现一种自然的等价关系，那么我们就应该感到非常高兴。如果能够这样，我们就可以用土地和劳动中的一个量非常容易地来表示另一个量，就像用便士来表示镑一样，也就能够单用土地一个量或者单用劳动一个量来表示其他物品的价值了，这样会与同时用土地和劳动两个量来表示一个事物的价值效果同样好，甚至要更加好。所以，如果我们能够发现世袭租借地①的自然价值，即使我们的发现没有用益权②的自然价值的发现那么有意义，我们也还是会感到很高兴的，关于这一点，我想尝试作如下分析。

19. 在发现了地租和每年的用益权的价值之后，现在的问题是，按照我们平常的说法，一块世袭租借地的自然价值应该相当于多少年的地租呢？如果我们提出一个无限的数字，那么一英亩土地的价值就可能等于同质的一千英亩土地的价值。因为一单位的无限大和一千单位的无限大是一样的，这简直太荒谬了！所以我们必须确

---

① 世袭租借地（Fee simple of Land），不限制继承权的产业或地产，即继承者拥有绝对所有权和支配权的地产。——译者注
② 《罗马法》"人役权"中有一种为居住权，其出现晚于地役权，包括用益权、使用权、居住权和奴畜使用权四种。用益权（usus fructus），指无偿使用和收益他人的物而不损坏或变更其物本质的权利。——译者注

定某种有限的数字。我认为这样的有限的数字就是有限的年数；要得到这个年数，只要计算出一个五十岁的人、一个二十八岁的人和一个七岁的人同时在世的年数就可以了。也就是说，祖、父、孙三代人同时在世的年数就是我们想要得到的那个有限的年数。① 几乎很少有人会忧虑再下一代的子孙，因为当一个人做了曾祖父的时候也就将不久于人世了。所以，一般说来，在直系亲属中能够同时在世的只有祖、父、孙这三代人，虽然也有人四十岁就做了祖父，但是也还有些人六十多岁以后才当上祖父，所以我们计算有限年数的方法可以说是一种比较一般的方法。

20. 因此我认为，表示任何一块土地的自然价值的土地年租年数等于三代人一般情况下能够同时在世的年数。我们估计，在英格兰三代人同时在世的时间大约为二十一年，所以英格兰的土地价值也就应该大约等于二十一年的土地年租。假如有人认为这种计算本身是有错误的，

---

① 参阅：弗里德里克·维塞尔的《自然价值》，第 159~160 页。——1899 年版注

弗里德里克·维塞尔（Friedrich Wieser, 1851~1926），奥地利经济学家。《自然价值》（Natural Value）一书把边际效用思想引进价值决定问题之中，书中第一章提出边际效用的问题；第二卷研究"自然价值"（并以此为书名），研究它同交换价值的关系，同社会主义国家中价值的关系等；最后一卷探讨了边际效用理论同宏观经济学的关系，特别是税收和政府开支的问题。——译者注

就像死亡统计表的观察者①他就认为这种计算本身就有错误，那么这些人就可能会改用另一种方法来计算，除非他们考虑到这种错误具有普遍性，而且又关系到很多互相依赖的事物，他们才会放弃采用另外的计算方法的企图。

21. 我认为，在土地所有权能够得到保障并且能够确实可靠地得到土地年租的地方，土地的价值就等于二十一年的土地年租。但是在其他一些国家，由于土地所有权更有保障，人口也更多，而且对祖、父、孙三代人同时在世的时间有更准确的统计，所以它们对土地价值的把握也就更准确。在这些国家里，土地的价值大约等于三十年的土地年租。

22. 还有一些地方的土地由于附属在其上面的某些特殊的荣誉、欢乐、特权以及法律上的权利等等，其土地价值所值的土地年租年数就会更多一些。

23. 另一方面，也有一些地方，比如爱尔兰，由于各种各样的原因，那里的土地价值所等于的土地年租年数却要少一些。我在这里要说一下这些原因，这些原因也是在其他任何地方造成土地价格低廉的原因。

（1）在爱尔兰，叛乱不断地发生。在这些叛乱中，

---

① 格兰恩特并没有直接讨论这个问题。参阅：《根据死亡率表作出的对自然和政治的观察》，第11章。——1899年版注

如果你被打败了，那你就会失去一切，即使你胜利了，你也会遭受到成群的小偷和强盗的侵扰；而且执政当局内部也存在矛盾，先来的英国执政人员对后来的执政人员心存嫉妒，不肯支持他们的工作。英国派遣官吏到爱尔兰执政迄今为止不过四十年，但是严重的骚乱从英国人第一次来到这里就没有停止过。

24.（2）在爱尔兰，希望得到别人财产的人的要求太多，并且很容易为这种无理要求找到一个好的借口，出现这种情况有两方面的原因：一方面是因为在英国向爱尔兰派遣总督和行政官吏的这四十年中，这些在爱尔兰当权的总督和官吏大都是偏袒那些提出这种要求的人的；另一方面也是因为爱尔兰人经常伪造证词和滥用庄严的宣誓。

25.（3）在爱尔兰，人口非常少，爱尔兰的人口还没有超过它所能养活的人口数的五分之一。而且在爱尔兰现有的居民中，也只有一小部分人在劳动工作，像其他国家那样勤劳的人就更少了。

26.（4）在爱尔兰，包括不动产和私人财产在内的全部财产的绝大部分都属于外居地主①所有。这些外居地主把从爱尔兰获取的收益都转移到了爱尔兰之外的地方，

---

① 指占有爱尔兰的土地但生活在爱尔兰境外的那些地主。——译者注

并且没有再对爱尔兰进行任何投资。所以虽然爱尔兰的出口大于进口,但是却存在着一个自相矛盾的现象,那就是发展中的爱尔兰却越来越贫困。

27.(5)在爱尔兰,法律的执行非常困难。太多掌握实权的人在利用职权之便袒护自己,同时也袒护别人。犯罪和欠债的人为数众多,而陪审团和政府官员却想方设法地偏袒这些人。再加上在这个国家里,深谋远虑的法官和律师根本得不到应有的鼓励,这就会使审判的过程和结果有很大的不确定性。因为比起那些明白独断专行会带来危险的人来说,无知的人更容易大胆地犯独断专行的错误。但是所有这些问题,如果适时地、及时地加以注意,都是可以改善的;如果目前的现状能够得到改善,那么在短短几年之内就可以把爱尔兰的国家价值提高到和其他国家同等的水平上,使爱尔兰人受到同样的尊重。关于这一点,我们会在别的地方作更详细的讨论,因为下面我们先要讨论利息问题。

第5章 利 息

1. 人们借出或者借入某些物品的时候，这里的物品可以是任何物品，如果物品的出借人可以随时向借入者索回他借出的物品，只要他提出索回要求的话，那么，在这种情况下为什么人们要收取和支付利息呢？我不理解。货币或者由货币规定其价值的其他生活必需品被贷出之后，如果必须按照贷款人的意愿决定还款的时间和地点，而放贷人不能在他所希望的时间和地点收回他的贷款，那么，在这种情况下为什么人们也要收取和支付利息呢？我也不理解。但是，如果某个人在把自己的货币贷放出去的时候，同时向贷款人承诺无论在这期间他自己对这笔货币有什么样的需求，在到某个特定的时间之前他不能要求收回他贷出的货币，那么在这种情况下，贷出货币的人就理应为这种可能损害自己利益的承诺获得补偿，这种补偿就是我们通常所谓的"利息"。

2. 当一个本地人给一个住在远方的外地人提供货币的时候，如果他们约定在某个特定的时日，在那个外地人的所在地进行交付，并且违约要受到巨额罚款，在这种情况下，外地贷款人支付给本地放贷人的报酬就是我们所谓的"汇费"，或者叫"地区利息"。①

比如说，在最近内战的纷飞战火中，如果卡莱尔（Carlisle）②的某个人需要一百镑货币，而从伦敦到卡莱尔的路上充满了艰难险阻，到处都是士兵和强盗，又有很长的水路，还经常被阻断不能通行。在这种情况下，为了确保能够在某个特定的时间内把这一百镑货币从伦敦运到卡莱尔，伦敦的放贷人为什么不能多收这个借款的卡莱尔人一点钱呢？

3. 现在由此产生了这样的问题：什么是利息和汇费的自然标准？关于利息，在安全没有问题的情况下，它至少应该等于用借到的钱所能买到的土地所产生的地租；但是，在安全无法得到保证的情况下，除单纯的自然利息之外还必须加上一种保险费，这时候利息就会很自然

---

① 利息和汇费是不同的，不能类比。利息是由于贷出货币获得的报酬；而汇费则是由于汇出货币而获得的报酬。参阅：配第的《货币略论》（Quantulumcunque Concerning Money），第 29~32 个问题。——1899 年版注

② 现英国英格兰西北部城市，坎布里亚郡首府。——译者注

地被提高到低于本金的某个高度。现在，如果英格兰的事情确实是这样，确实像我们上面所提到的那样没有安全保证，所有的贷款都或多或少地存在危险，并且贷款的手续繁琐，费用很高，那么，我认为，无论在什么地方和在什么时候，都完全没有理由去限制利息，要知道这是违背世俗习惯的，除非制定这项法律的是贷款人，而不是放贷人。但是，制定违反自然法则的民事法律是不会有任何结果的，我在别的地方也说过同样的话，而且还就许多特别之处作了分析。①

4. 关于汇费的自然标准，我认为，在和平时期，最高汇费应该等于且仅等于运送现金所花费的劳动；但是，如果是在存在危险的地方，或者某一个地方比另一个地方更加迫切地需要货币，再或者关于某地危险性和对货币需求的迫切性的消息真假难辨，在这些情况下，汇费就会受到这些因素的影响。

5. 与这种情况相同的一种情况是我们在前面略过未谈的土地价格问题。之所以说土地价格和汇费的情况相同，是因为正如货币的需求量大汇费就会高一样，谷物的需求量大谷物的价格就会上涨，而生产谷物的土地的地租也会上涨，进而到最后土地本身的价格也会上涨。

---

① 配第曾著《论利息》和《利息》两篇文章专门论述利息问题。——译者注

比如说，维持伦敦居民或者一支军队的生活所需要的谷物要从四十英里远的地方运来，那么如果要在伦敦附近或者这支军队的驻地附近一英里的地方种植谷物，这时候谷物的价格除去其自然价格的部分之外，还应该要加上相当于三十九英里的运输费的部分；如果是鲜鱼、水果等容易腐烂变质的物品，那么这时的商品价格还要加上避免这些商品腐烂变质的保险费的部分；最后，对于那些在当地食用这些食品的人，比如在酒馆里吃饭的人，他们所要支付的价格，除了我们刚才说过的那些部分之外，还要加上各种附加费用的部分，如房租、家具折旧费、服务人员的报酬、对厨师的技术及劳动的报酬等等。

6. 所以，由于上面谈到的原因，我们得到结论：人口稠密的地方其附近的土地，或者说为了维持其居民的生活而需要很多土地的地方其附近的土地，比起远离这些地方但是土质和这些地方相同的地方的土地能够产生更多的地租，并且，相应地，土地年租也就更多。这也是因为在那样的地方占有土地能够得到非同寻常的快乐和荣誉，正像诗里面所说的："把效用和快乐结合成为一体，是人们所共同欣赏的。"①

---

① 见贺瑞斯的《论诗的艺术》，第 343 页。——1899 年版注

　　贺瑞斯（Horace），公元前 65～8 年，罗马诗人，讽刺家，原名为 Quintus Horatius Flaccus。——译者注

7. 在结束了对地租标准、土地价值标准以及货币标准的讨论之后，我们现在再回过头来谈谈征收公共开支所需费用的第二种方法，也就是征收一定比例的地租的方法，我们通常也把这种方法叫做征收估价税，也叫征收土地税。然后我们再来谈一谈计算这种地租的方法：计算这种地租不能以少数无知的人在轻率、不了解情况，或者一时冲动、酒醉的时候互相进行的买卖为依据，但是，我承认，如果把在三年内，或者说把在土地可能发生的一切偶然事故能够周转循环一次的时间内，人们所做的一切买卖求平均数，或者计算出一般值，就可以达到我们计算出这种地租的目的。因为这样计算的结果是综合了各种偶然估计得出的。现在我要通过区分各种不同的原因尽力列举分析一下目前的情况。

8. （1）因此，我的第一个提议是，从教区、农业征税区等行政区划和由海、河、岩石和山岭等所界定的自然区划两个方面，来测量全部国土的形状、面积及位置。

9. （2）我的第二个提议是，依据一块土地通常所能生产的产品来评定每单位土地的质量。因为有些地方的土地会比其他一些地方的土地更加适合生长某一些木材、谷物、豆类或者根类作物等。还可以依据这块土地上所耕种的农作物的年产量，以及各种农作物之间相互比较所显示出的相对优越性来评定每单位土地的质量。注意，这里不是和货币这个共同的标准作比较来评定土地的质量。举例来说，如果这里有一块十英亩的土地，我会先判断它是适合种植牧草，还是适合种植谷物；如果这块土地适合种植牧草，那么然后我再判断这十英亩的土地和另外一块十英亩的土地比较起来，谁生长的牧草多，谁生长的牧草少，以及这十英亩的土地和另外十英亩的土地所生长的同样重量的牧草比较起来，谁饲养的家畜多，谁饲养的家畜少。但是，不要把牧草和货币进行比较。因为如果把牧草和货币进行比较，牧草的价值就会由于货币量的多少而增减，自从西印度群岛被发现以来，货币量的变动一直是很大的；而且它还会由于居住在这十英亩土地附近的居民的数量的多少，以及他们生活的奢侈程度或者说简朴程度而增减。例如，在一些天主教国家里，鸡蛋在四旬斋①前期没有任何价值，因为在四旬斋之前鸡蛋的质量和味道都是很差的；还有，在犹太人看来，猪肉是没有一点价值的；另有一些人认为刺猬、青蛙、蜗牛、菌类等的东西是有毒的，或者是不利于身体健康的，所以这些人不吃这些东西，那么这些东西在这些人看来也是没有任何价值的；再有，由于国王的敕令②宣布葡萄干和西班牙出产的葡萄酒使本国蒙受了巨大

---

① 宗教节日。——译者注
② 指查理二世12年，第18号律令，第8条。——1899年版注

经济损失而要对这两种商品的贸易实行全面禁止,那么,这时候这两种商品也是一文不值的。

10. 上面所谈的我把它叫做对土地内在固有价值的研究;下面要谈的我把它叫做对土地外在附属价值或者附加价值的研究。我们说过,货币存储量的改变会使那些我们用某些计价单位或者符号(即镑、先令、便士)来计算的某些商品的价格发生改变,对于这种相应的改变我们举例来说。

如果一个人能够在生产一蒲式耳谷物的时间内,把一盎司白银从秘鲁的银矿里运到伦敦来,那么后者就是前者的自然价格。如果现在又发现了新的矿藏更加丰富的银矿,这时候获得两盎司白银和从前获得一盎司白银的难易程度相同,那么,在其他条件相同的情形下,现在一蒲式耳谷物售价十先令就等于从前一蒲式耳谷物售价五先令,相对价格相等。

11. 因此,我们似乎需要找到一种方法来计算我国的货币量。我认为我有一种方法可以做到,而且在短期内就可以完成,不需要任何成本,更不需要调查任何人的钱包,下面我们就来讨论这种方法。现在假定我们知道两百年以前英格兰所拥有的黄金量和白银量,也知道现在英格兰所拥有的黄金量和白银量;知道当时的货币单位和现在的货币单位不同,两百年前铸造三十七先令所需要的白银现在可以铸造六十二先令①;也知道当时和现在铸币的含量、铸币时所花费的劳动、铸币重量和铸币成色的公差以及国王所征收的铸币税之间的不同;还知道当时的劳动者和现在的劳动者之间的工资的差别,可是,即使我们掌握了这些情况,如果我们只用货币本身来计算,也无法说明当时和现在我国财富状况的差异。

12. 因此,在知道了上面说的这些情况之后,我们还要知道人口数量差异的程度,这样我们才能得出下面的结论:如果把一个国家的所有货币平均分给所有国民,而且每个被分给货币的人都会用分到的货币雇用大量的劳动者进行生产,那么无论是过去还是现在,每个国民都会变得更加富裕。所以,我们需要知道在我们这片土地上现在的和过去的人口量和金银量的情况。我认为,过去我们有多少人口和金银是不难知道的,现在我们有多少人口和金银就更容易知道了。

13. 更进一步地讲,假如我们掌握了上述情况,那么我们就能够确定伦敦附近的土地的附加价值。也就是说,

---

① 亨利六世49年(1460年),按照旧标准一磅白银,即纯银十一盎司二打兰加合金十八打兰(打兰,dram,英制常衡,合1.7718克),铸造三十七先令六便士,据说以前可以铸造三十先令。根据查理二世国王和弗里曼爵士在查理二世12年(1661年)所订的契约,重量相等的生银在此之后可铸造三镑两先令。参阅:朗德斯的《关于尝试改革银币的报告》(W. Lowndes, Report containing an Essay for the Amendment of the Silver Coins),第39、40、54、55页。——1899年版注

首先我们应该大体计算一下伦敦附近各郡，即埃塞克斯（Essex）、肯特（Kent）、萨利（Surrey）、密德塞斯（Middlesex）、赫特福德（Hertford）五郡，每年能够生产多少食物和衣服的原料，再计算一下居住在上述五郡和伦敦市内的消费这些物品的消费者的人数。如果我们通过计算发现，居住在上述地区的消费者比居住面积相同的其他地区的消费者人数更多，或者更确切地说，我们通过计算发现居住在上述地区的消费者比居住面积相同粮食产量也相同的其他地区的消费者人数要更多，那么，我认为，上述五郡的粮食一定比其他那些地区的贵。在这五郡之间，粮食的价格也会因为它们距离伦敦的远近不同而高低不同，或者更确切地说，这五郡之间的粮价会因为它们将粮食运往伦敦的费用不同而高低不同。

14. 因为，如果上面说过的五郡在现有的条件下已经尽了一切努力来生产它们所能生产的商品，但是需求仍然不能得到满足，那么就得从其他远的地方运来商品以满足市场的需求，这样的话，距离较近的各郡的物价就会相应上涨；或者，上面说过的五郡花费比现在更多的劳动，通过改进技术，如用犁地代替锄地，用固定种植代替原来的分散种植，挑选优质的种子播种而不像原来选种不分好坏，用事先浸泡过的种子播种而不像原来不对种子进行任何加工就播种，用盐施肥代替用腐烂的稻草施肥等等，想尽办法使土地的产量增加，这样的话，这里的地租也会因为土地产量的增加超过劳动的增加而加倍上涨。

15. 劳动的价格必须是确定的。我们知道，劳动的价格是法律规定的，法律限定了各类劳动者的计日工资。不遵循这项法律，① 或者不使这项法律随着时代的变迁而改变，这会是很危险的，这会有损于我们为改善我国的贸易状况而作出的所有努力。

16. 另外，判断是否应该进行上述技术改进以促使土地产量的增加，其标准就是要看在无需技术改进就能自然生长这些农作物的地方，或者在花费很少人力耕种就能生长这些农作物的地方，收获这些农作物所需要的劳动是否不少于进行技术改进所需要的劳动。

17. 可能会有人反对上述观点，说上面这些计算即使可能，也会非常困难。对于这种反对意见，我只想这样回答：这些计算的确是困难的，特别是在没有人愿意麻烦动手或者动脑去做这些计算的时候，可是他们又不准别人去做这些计算。但是尽管这样，我也认为，如果不进行这样的计算，我们的贸易就会成为一种任何人都无法用头脑去经营的靠不住的事业。因为，思考如何发展

---

① 参阅：肯宁汉姆的《英格兰工商业的发展》，第二卷，第 199~200 页。——1899 年版注

本国的贸易需要和掷骰子赌输赢一样的智慧,我们要花很多时间来考虑怎样把骰子拿起来,怎样摇动它们,又要用多大的力气把它们掷下去,从哪一个角度把它们掷到桌面上,思考如何发展本国的贸易同样要动这些脑筋。但是,现在我们国家的一些人从他们的邻居那里赚到一些东西,这些东西不是从土地上或者从海洋里得来的。其实,从邻居那里赚到一些东西这种情况是很偶然的,这不是由于自己的智慧和正确判断得来的,而是由于别人的估计错误得来的。这时候,信用在一切地方都变成了完全虚幻的东西,特别是在伦敦,这种情况尤为严重。如果对其他人所拥有的财富或者其实际财产状况毫无所知,那么我们就不能了解这个人是不是可靠的,以及是不是值得信任的。所以我认为,一个人的信用程度应该通过考察一个人靠自己的技能和勤劳赚钱的能力来判断;一个人的财产的多少也必须有一个确定的判断方法,而法律的严格执行则是让一个人能够尽其能力偿还其债务的方法和保证。

18. 我本来应该在这里详细阐述一种似是而非的有争议的理论,以此来证明如果每一个人都能把他的财产状况写在他的前额上,也就是说每个人都能明白无误地公开他的财产状况,那么我们的贸易就会因此得到很大的发展,即使那些有进取心的又比较贫穷的人一般都会比其他的人更加勤劳。但是，关于这个问题我想在别处谈，现在就不在这里谈了。

19. 另外一种反对对地租和土地价值作如此精确计算的观点认为，这会使得国王过于精确地了解每一个人的财产状况。对于这种反对意见，我想这样回答：如果国家开支能够尽可能地削减，这主要取决于议会里各个议员的努力；如果国民愿意并且也准备缴纳这部分国家开支所需的经费；如果政府能够采取措施使国民在没有现金的时候也可以用他们对土地和商品的信用来缴纳税款；如果国王本人很清楚要是征收的税款超过了他的实际需要，那对他也是非常不利的，这一点我在前面已经说过了，那么，君主如此精确地了解每一个人的财产状况又有什么不可以呢？而且就每个纳税人所承担的纳税比例来说，还有什么人愿意乘混乱的机会，利用自己的手艺和影响力营私舞弊来减轻自己所负担的赋税呢？难道他们不怕这一次赚了便宜，下一次就会吃苦头吗？

第6章 关税和自由港

1. 关税是对出口和进口各国国王领地的货物课征的一种赋税。在进出口货物的国家中,关税税率为二十分之一,这个税率不是参照各国商人之间进行商品交换的市场价格制定的,而是参照各个国家协调了有关各方面之后所规定的商品的固定价格制定的。

2. 为什么人们既要向国王缴纳进口税,又要向国王缴纳出口税?我也无法很好地猜测这其中的自然原因。但是如果某个国家缺少某些货物,而另一个国家的国王允许他的商人们向那个国家出口这些货物,那么从这一点来看,出口国的国王从中收取一些报酬也还是有些道理的。

3. 因此我想,关税最初是进出口商人们为了保护他们进出口的货物免遭海盗的劫掠,以寻求各国国王的保护而向各国国王缴纳的报酬。如果在进出口的货物遭到海盗抢劫的时候，国王对商人们所遭受到的这种损失负有赔偿责任，那么我认为我关于关税最初意义的解释是非常可信的。我想这个每百镑征税五镑的税率的确定，是因为商人们计算到如果不与国王达成这样的协议，一旦他们遭到海盗的抢劫，他们的损失将会更加惨重。所以，最终我认为，关税原本是一种为了防备遇到敌人遭受损失而投保缴纳的保险费，正像现在流行的对海险、风险、天气引起的危险、船险以及其他一切危险投保缴纳保险费一样；还有在某些国家人们用房屋年租的一小部分为房屋投保火险，也属这种情况。但是，不论关税最初是什么意义，它在很久以前就已经被法律明文规定了，所以在法律取消关税之前，人们没有理由不缴纳关税。在这里，我希望从一个哲人的角度，当然哲人通常都没有什么用处，来谈论一下关税的性质和标准。

4. 对于出口货物征收关税的标准应该是，某国商人所需要的某种本国商品在本国缴纳了出口关税之后，再扣除出口商应得的合理利润，这时候我国这种商品的售价还是比这个外国商人从其他地方购买的同类商品低。

举例来说，锡是我国占领了国外市场的一种商品，也就是说，世界上没有任何一个国家能够比我国更加容易、更加便利地生产和出口锡。

现在假设在康沃尔（Cornwall）生产一磅锡只需要花费四便士，而在法国最靠近我国的地方这种锡每磅能卖十二便士，我认为我们应该把这种额外的利润看做是王室的财源，或者是"捡到的财宝"，国王理应占有他应得的份额。国王可以通过对锡的出口征收出口关税来拿到属于他的那部分利润。但是关于这种关税的征税额要注意两个方面的问题：一方面，要确保劳动者能够得到基本的生活资料，土地所有者能够得到丰厚的利润；另一方面，要确保本国的锡在外国的售价比其他任何国家出口的锡的售价都低。

5. 对于国内消费的锡也可以进行同样的课征，除非情况不允许这样做，比如法国国王在其国内食盐产地征收盐税的情况就是这样。

6. 但是很显然，如果走私和行贿的费用加上被捕的风险总和的价值都超不过国家征收的关税税额的话，那么，这样高额的关税就会使人们不向海关审报出口，或者不肯缴纳这笔关税。

7. 因此按照关税的这种性质，征收额度的标准应该是，确保守法人的负担比违法人的负担轻，守法人的安全比违法人的安全更加能够得到保障，守法人比违法人更加能够得到利益，除非在当局执法很容易的情况下，也就是在当局执法力度很强的情况下，可以不遵循这样的标准。例如马匹的出口,某地附近没有小河,而装运马匹出口的小港口每次潮水上涨的时间只有两个小时,那么在这种情况下要逃避关税就会是很困难的事情,因为马作为动物是不能伪装的,不能把马匹装进布袋或者铁桶里面,装运的时候一定会有响声,还需要很多人手。

8. 对进口商品征收关税的标准是:

第一,对于所有已经加工完成的可以直接用于消费的商品,进口关税的征收可以高到使进口商品的售价略高于国内生产和制造的同类商品,前提是其他条件相同,而且征税方法切实可行。

第二,对于容易引起奢侈行为和犯罪行为的非生活必需品,进口关税的征收可以高到足以禁止人们消费这些商品,这样还可以替代禁止消费奢侈品的法令。不过也要注意税率不能高到使人们觉得走私比纳税更合算。

9. 相反地,对于所有那些没有制造完成的需要进一步加工的商品,如生皮、羊毛、海狸皮、生丝、棉花、工业用的工具、原料以及染料等等,进口关税的征收应该从轻。

10. 如果关税的征收能够严格执行的话,那么国王也许会出人意料地一种关税接着一种关税的征收;如果关税的征收不能严格执行的话,那么只要人们能逃避关税就一定会逃避,只要人们能逃避法律也一定会逃避。

11. 征收关税的缺点有以下几个方面：

第一，没有制造完成的不能直接使用的东西，即尚在制造过程中需进一步加工的商品，征收关税就像不用腐朽败落的树木而用幼嫩的树枝做燃料一样不划算。

第二，关税需要很多官吏，特别是在那些港口多、潮水在任何时候都便于装运货物的地方，尤其是这样。

第三，很容易通过行贿受贿、官商勾结以及把商品进行藏匿或者伪装等办法来进行走私。要想通过让犯罪人向主发誓或者对其进行罚款的办法来制止这些不法行为是没有用的，而且即使这些犯罪人已经被抓获，他们也有各种办法可以部分逃避或者完全逃避上述惩罚。

第四，英格兰全体国民每年的开支大约不下五千万镑，这其中包括国家的公共开支，而对于英格兰本国所生产的用于和外国货物相交换的少数商品所征收的关税，只占全部国民开支中的极微小的一部分，所以在关税之外还需要开征某些其他的税种。但是，如果开征了其他税种，而这种税种可能被认为是最好的税种，那就意味着关税可以完全取消，因此，征收关税的缺点还在于在关税之外还要开征其他的税种。

12. 为弥补关税上述的缺点，作为权宜之计，我提出这样一种方案，就是对所有出入关的船只征收吨税，以此来代替对进出口的货物征收关税。吨税是依据全世界都看得见的东西征收的，所以它的征收只需要很少的人手；而且吨税只是运费中的一部分，约占全部运费的百分之四左右。也就是说从每年的五千万镑中抽取两百万镑缴税，它是从全部消费额中扣除的，足够支付一切公共开支。

13. 还有另一种方案，就是把关税变成一种保险费，而且这种保险费可以增加和调整，以便于国王能够承诺确保进出口商不因进出口货物遭受海险和海盗劫掠而承受损失。如果能够实行这种方案的话，那么全体国民都会关心所有这些损失，商人们为了自己的利益也会更加愿意申报自己所要投保的商品，并缴纳应付的费用。

14. 但是，可能会有反对的人认为即使废除了关税，为了防止违禁品的进出口，总还是需要和现在一样多的官吏的。为此，我想通过下面两三个例子来说明这种禁令的性质。

15. 禁止货币出口，这几乎是一件无法实行的事情，所以这种禁令根本就是徒劳无用的。违反禁令的危险是可以完全转化的，人们可以通过缴纳一定的保险费来代替被拘捕，或者通过对检查人员行贿付出一定的所谓和解费的额外费用来逃避法律的惩罚。举例来说，如果在五十次偷运出口活动中有一次被捕，或者每偷运出口货币五十镑通常要付出默许费二十先令，那么，用这些偷运出去的货币买进的商品,在卖给消费者的时候,售价至少要比原先贵百分之二。可是,如果通过这种方式进行的贸易收入不能负担这样的额外费用,那么就不会有人任意地把这些货币偷运出口。假如这种禁令是可行的,那它倒可以成为一种限制奢侈腐化的法令,约束一般国民的消费支出不超过他们的收入所得。这是因为,假如我们禁止货币出口,而且除货币之外又不能出口本国的农产品和工业品,那就等于在事实上禁止所有外国货物的进口。再假如我国正常出口的货物足以抵偿我国所购买的一切外国货物,但是在某些不正常的情况下,比如我国的土地和劳动力大大衰退的时候,我国所能够出口的商品只能抵偿正常进口商品额的一半,那么,禁止货币出口的禁令就确实能够起到限制奢侈腐化的法律的作用了,它可以确保我国进口的外国货物不超过原来消费额的一半,所不同的只是对于进口或者不进口某类商品,在限制货币出口的情况下是由进口商决定的,而在实施限制奢侈腐化法令的情况下则是由国家来决定的。举例来说,假定我们想以削减价值四万镑的进口货物来平衡我国的进口额和出口额,比如我国可以削减价值四万镑的咖啡豆的进口,或者削减价值相同的西班牙葡萄酒的进口。在这种情况下,如果我国施行的是货币出口禁令,那么削减某种商品的进口可以由进出口商任意决定,或是削减其中一种商品的进口，或是同时削减这两种商品的部分进口；如果我国施行的是限制奢侈腐化的法令，那么削减某种商品的进口就要由国家来决定，国家会考虑我国是应给予我国的咖啡进口国以鼓励和优惠，还是应该给予我国的葡萄酒进口国以鼓励和优惠，据在咖啡上的花费和在葡萄酒上的花费哪一种对我国国民的危害更大等等，然后做出决定。

16. 其实货币自由出口所能得到的利益只有一点，举例来说，假如一艘货船从英格兰运出价值四万镑的布匹，同时船上还装载运出四万镑货币，那么只要这个商人能够坚持自己的贸易条款，就可以通过贱买贵卖获得收益。但是我要顺便指出的是，这个商人通过出口货币获得的收益是以牺牲他所出口的货币的利息和 □□① 得到的。如果每百镑货币的利息是五镑的话，那么这个商人与其靠出口前面说的这笔货币来赚钱，还不如将自己出口的货物每百镑少卖四镑划算。关于这个问题我还有很多话可以说，但是现在我们先来看一个更重要的问题——羊毛的问题。

17. 荷兰已经抢占了我国在织布制造业中的地位，能够做到这一点，他们靠的是比我们更加先进的技术，更

---

① 原文为空白，1679 年版添上"利益"二字。另外，原文也可能漏"汇费"二字。——1899 年版注

加辛勤的劳动和更加节俭的生活,而且他们收取的运费、关税和保险费也都比我们低。这几乎使在英格兰人疯狂了起来,甚至想采取超常的过激的方法禁止羊毛和白土①的出口。② 但是,这样做只会使我们在前面所说的贸易中受到加倍的损失。因此,为了恢复我们的理智,重新开展我们的贸易,能够决定在目前这种情况下我们能做些什么之前,我们必须先考虑以下几个方面的问题。

第一,我们经常被迫从外国购买谷物,但是我国国内又有很多游手好闲的人,甚至有少数劳动者生产的毛织品都卖不出去,人们对此很有意见。在这样的情况下如果我们缩减牧羊业,让更多的人从事农耕,不是更好吗?因为这样的话,一肉价上涨,从而会鼓励渔业的生产,这种激励作用会是前所未有的;二我国的货币也不会因为购买谷物而那么快地流向国外;三我国的羊毛也不至于像今天这样过剩;四我国的赋闲人员可以从事农

---

① 漂布用的原料。——译者注
② 1660年8月15日,英国下议院提请国王发布告禁止出口羊毛、带毛的羊皮、棉纱及漂布用的白土,并为此草拟了法案。这项法案后来被通过,这就是查理二世12年的第32号法令。在后来一次1662年3月4日的议会会议上,一个类似的更加激烈的法案又被提了出来,这一法案在次年5月才成为正式的法令,这就是查理二世14年的第18号法令。当配第写作本文的时候,这项法令应该正在审议之中。见《众议院议事录》,第八卷,第120页,第236页,第378页,第414页,第432页。——1899年版注

耕或者渔业生产，而如果让这些人去牧羊的话，那么每个人单靠他自己和牧羊犬的力量就可以管理数千亩的土地，这更将造成羊毛的过剩。

第二，假如我国不缺少谷物粮食，也没有赋闲人员，且所有的羊毛都已经多到了我们自己消费不了的程度，这时候，毫无疑问羊毛是适宜出口的，因为连技术熟练的人手也大都已经被雇用到更加具有比较优势的贸易产业中去了。

第三，假如荷兰人是由于更加先进的技术才在织布制造业中胜过我们的，那么我们就把他们经过筛选后胜出的优秀工人大批量地引进到我国，或者把我国最优秀的人员送到他们那里去学艺，这样不是更好吗？如果能够成功地这样做，显然这是一种比无休止地去讨论那些违反自然常理以及去遏止风浪的做法更加自然的方法。

第四，如果我们要使我们当地的食物比荷兰的食物价格低，那么就应该取消那些沉重的、无意义的、过时的苛捐杂税及相应的政府官职。

我认为即使是这样，也比那些想要让流水从低处向高处流，一直流过自己的源头那样不切实际的想法要好得多。

第五，总的来说，我们必须认真考虑一下，即使是再高明的医生也不会给他们的病人胡乱地服用过量的药物，相反地，他们都会认真地观察他们的病人，然后遵循自然的规律，而不会用他们自己配制的猛药来反抗自然的规律。所以，同样，在政治问题和经济问题上也要有这样的认识，因为"人虽然能够一时地战胜自然，但是自然还是会恢复它的威力的。"[①]

18. 但是，如果荷兰人的织布制造业并不比我国好很多，也就是说，实际上他们只比我国略胜一筹，那么我认为只要我国禁止出口羊毛就足以扭转这种形势了。但是是否要采用这种方法，我只能留给别人去判断了，因为我本人既不是商人也不是政治家。

19. 关于禁止进口的问题，我认为，只要进口没有明显地超过出口，就没有必要禁止进口。这是因为，虽然我们不愿意用优质的生活必需的织布去换取那些会让人堕落的酒类或者影响更坏的东西，但是如果我们确实没有别的办法来销售我们的布匹，那么用布匹去换酒总比停止织布生产要好，事实也确实是这样。即使把一千个人的劳动产品一下子全部用火烧掉，也比让这一千个人由于失业而失去劳动机会要更好。简单来说，如果再进一步讨论这个问题的话，那就要变成讨论制定限制奢侈腐化的法令的理论和性质，以及如何结合当时当地的实

---

① 见贺瑞斯的《书札》（Epist），第一卷，第 10 章，第 24 节。——1899 年版注

际情况合理地应用这项法令了。

20. 自由港的问题也属于关税问题要讨论的一部分,由于各国在贸易中只考虑本国的利益,也就是说每个国家都想要把本国过剩的商品出口,而只进口本国所必需的商品,所以设自由港,不仅毫无用处,甚至还是有害的。举例来说,假设有人把一桶酒运进一个自由港,先把它贮存在那里,然后再偷偷地把酒卖掉,之后用污水注满酒桶,再将这个酒桶装载上船,一等到船驶出海面就马上把酒桶打开倒掉里面的污水,在这种情况下,酒税就被逃掉了,这样的方法还有很多很多。①

21. 现在也许会有人说,即使各国进行海外贸易只应该为本国的利益着想,但是由于我国的港口比其他国家的港口交通更加便利,所以会有比其他国家的港口更多的船只出入,因此,如果在我国设立自由港,即使不对进出关的货物征收前面所说的那样的关税,我国也会在船只上的海员和旅客的花销、港口劳动者的工资以及码头仓库的仓储费等等方面征税以增加我国的国民收入。但是我却以为,对那些仅对我国的港口作上述用途的来往船只征收小额的关税也是合理的;我们不要寄希望于

---

① 配第试图反驳的观点包含在下列一书中:《自由港,它们的性质与必要性》(Free Ports, the Nature and Necessitie of them stated),1652年版,威廉·迪加尔印刷。——1899年版注

从有些人说的码头仓库的仓储费、码头搬运工的工资中获取收益。因为这些收益本来就是有理由获得的，且也是合情合理的。

22. 但是，如果我们能够在各国之间充当中间贸易商，那就没有理由对正在生产中的商品以及需要进一步加工的商品征收像我们在前面所讲过的那样的关税。至于那些欺诈逃税的行为，像上面我们提到的关于酒的那个案例，我确信我们通过征收国内消费税就可以克服和避免这类现象的发生了。

第 7 章　人头税

1. 人头税是一种针对人身征收的赋税，它或者绝对地无差别地针对所有的人征收，或者根据某些世人所共知的头衔和徽号有针对性地征收；这些头衔和徽号有的是纯粹的荣誉，有的是谋求来的或者是上级官员授予的，有的是一种特权，有的只是一种称号；根据头衔和徽号征收的人头税是不考虑由此所产生的富裕和贫困的差别、收入和支出的多少以及获益和损失的大小的。

2. 近一个时期来，征收人头税的方法非常混乱，比如对于某些单身而富有的人按照最低的税率征收人头税，而对于某些连生活必需品都缺少的勋爵却要征收二十镑的人头税。造成这种情况的原因有：有些贪慕虚荣的人希望在填写收据的时候签上绅士的头衔，政府就给他们绅士的头衔，以此来鼓励他们以绅士的身份纳税；政府还想让某些人以医学博士或者法学博士的身份缴纳十镑的人头税,但是这些人从这些身份资格上却得不到任何的收益,实际上他们也不想从事这类事业;此外,政府还强迫一些贫穷的商人充当伦敦同业公会的会员,让他们缴纳他们根本无力承担的人头税;最后,政府还想让某些人按照他们的财产状况纳税,但是这些人的财产是由那些对他们的财产情况毫无所知的人估价的,实际上这些人根本无力缴纳相应的人头税,而且这还会给某些破产的人抓住骗人的机会,让世人相信他们确实拥有那么多的财产,而这些财产实际上是由那些互相勾结的估税官故意估定的。①

3. 可以这样来形容目前我国征收人头税的情况:混乱十分、独断专行、杂乱无章、权责不清等等,所以我们也无法估计现在这种征收人头税的方法是不是适合,就像有时候我们无法估计某种药膏对于一种伤口是不是

---

① 配第在这里所指责的复杂的人头税是遵照 1660 年 9 月查理二世 12 年第 9 号法令征收的,该法令规定各项人头税必须在十二天以内缴纳完毕,目的是为了筹集四十万镑的货币以备军队遣散费之用。但是,截至 11 月 24 日为止,实际缴纳的税款数额仅为二十五万两千一百六十七镑一先令四便士(参见:《众议院议事录》,第八卷,第 196 页)。为了弥补这些不足,同年众议院又提出了两个补充法案,但是由于议会在该年的 12 月 29 日解散了,所以这两个法案最后没有通过,事实上议会讨论这些提案的程序是非常复杂的。(参见:《众议院议事录》,第八卷,第 38~234 页。)关于逃税的例子,见配皮斯的《日记》(Pepys, Diary), 1660 年 12 月 10 日,第一卷,第 283 页。——1899 年版注

适合一样。同时,用这种方法征收的人头税其计算是否正确,也无从核实和查证。

4. 所以,在这里我不打算谈论这种复杂的人头税的征税方法,我只想谈一谈人头税。首先我要谈的是,针对全体国民征收的绝对的人头税。教区负责缴纳针对接受教会施舍的人征收的人头税;未成年儿童的父母负责缴纳针对未成年儿童征收的人头税;行会师傅负责缴纳针对学徒工和其他暂时没有收入的工人征收的人头税。

5. 这种征收人头税的方法其缺点是非常不公平,能力不同的人都要缴纳同样的税,子女越多的人负担的税款越多,而子女最多的人则负担的税款最多。换句话说,越穷的人赋税越重。

6. 这种征收人头税的方法其优点有以下几条:第一,征收速度快且费用少;第二,人口数是众所周知的,所以能够准确地计算出来所要征收的税款的数额;第三,这样还会刺激所有的人都让他们的子女按照各自的特长去从事某种有意义的职业,以便让他们的子女用自己的收入来缴纳自己的人头税。

7. 我要谈的第二种人头税是针对每一个仅有空头荣誉头衔但却没有任何官职和特权的人征收的人头税。这些空头荣誉头衔包括公爵、侯爵、伯爵、子爵、男爵、从男爵、勋爵、绅士（世袭爵士的长子）以及世家子弟（如果他们自己这样称呼自己的话）等等。这种征收人头税的方法比前一种征收方法要公平得多。因为有这样头衔的人大部分都相对富裕，即使他们不是很富裕，像他们这样显贵的人还是拥有崇高的地位的，而这种崇高的地位不是一般人所能够花钱买到的，就算这些显贵的人自己也不能花钱买到，——我的意思是说，就这些头衔所带给他们的东西来看，即使这些头衔使他们要缴纳比一般人多的人头税，也是合理的。

8. 此外，由于计算人口数量的方法有很多种，并且计算的结果也很准确，所以征收这种人头税也是很容易和很迅捷的，而且征收费用也很低廉。同时，由于这种征税方法的征税额是可以提前计算出来的，所以还可以根据国王的需要加以调整然后再收取。

9. 至于各种官职，它们中的大部分确实是很高贵的，但是这种高贵却是以履行这些官职的职责所付出的操劳为代价的。举例来说，担任伦敦市的参议员的确是一种荣耀，可是却有很多人宁愿支付五百镑的货币以求不被委任这一官职，原因可能就是这些人认为担任这个官职太过操劳。

尽管如此，对于人们谋求来的官职或者那些人们接受的官职，尽管它们可能被辞掉，加以征税也并没有什么不恰当的。但是，另一方面，假如某个有称号的人①愿意放弃他的称号，并且永远不再恢复这种称号，那么就不应该强制这个人按照这种称号缴纳人头税。

10. 特权和表明身份的头衔不应该是缴纳人头税的条件，因为拥有这样的头衔并不意味着他们一定或者可能有能力缴纳相应的人头税，并且这些头衔本身还带有很大的不平等性。不过，如果某个人由于有了开业许可证而赚到许多钱的话，那我们就可以认为他也应该相应地花费更多的钱，在这种情况下，征收国内消费税就不至使他遗漏，这个办法也适用于前面谈过的对身居官职的人征税的情况。

11. 炉税看起来好像是一种人头税，但实际上并不是一种人头税，而是一种累积的国内消费税，以后我们再来谈这个问题。

---

① 在 1659 年的爱尔兰人口普查中，"在单纯的人口数量之外，还把小城镇和街区的主要的和著名的住户列在英文 - 西班牙文混合名称'有称号的人（Titulado）'之下。参阅：哈丁的《最早发现的爱尔兰人口普查手稿》（Hardinge, Earliest Known MS. Census Returns of the People of Ireland）；吉尔伯特的《都柏林古代纪事年表》（Gilbert, Calendar of Ancient Records of Dublin），第四卷，第 8 页。——1899 年版注

第8章 彩 票

1. 那些拥有头衔的人可能预见到他们会因为这些头衔而被征税（这些头衔就是我们前面提过的那些头衔），所以这些人好像一开始就同意这些课加在他们个人身上的捐税，尽管由于议会中的议事院完全是由有称号的人组成的，而且绝大部分的议事院都是这种情况，所以这种征税方式是不太可能被议会通过的。

2. 在发行彩票这种方式之下，虽然有个别的人有发财的希望，但是对一般人而言，买彩票的行为就是自己向自己征税，所以彩票实际上是对那些不幸的自我陶醉的傻瓜们所征收的一种赋税，或者说，彩票是对那些对自己的运气有充分信心的人，或者是对那些迷信算命和卜卦的人所征收的一种赋税。那些替人算命和卜卦的人为人们占卜中彩的时间和地点，承诺某人一定会在购买彩票中取得巨大的成功，甚至还会撒谎说某人会在占卜之处的西南方中彩。

3. 现在世界上有太多这样的傻瓜了，可是如果我们因为这个缘故就认为凡是想欺骗人的人都可以轻易地欺骗那些容易被欺骗的人的话，那是不对的。我们应该做的是，用法律来规定国王应该对这些愚蠢的人提供保护，否则那些受到国王宠爱的人就会请求国王给他们从这些愚蠢的人，甚至精神病人，或者弱智的人身上得到好处的权力。

4. 因此，彩票在没有得到当局授权的情况下是不能够发行的。而当局要授权发行彩票，就必须事先规定国民要对自己的错误承担一定的经济损失，还要注意不要让国民被骗得太多和太过经常，因为从前他们常常如此。

5. 发行彩票这种方式只适用于筹集小额款项，或者筹集对于个人和公众都有利的项目经费，比如疏通河道、架设桥梁和修建公路等项目，而用于维持陆军和装备舰队的经费是不能通过发行彩票的办法来筹集的。关于彩票的问题，我们在这里就不再赘述了。

第9章 捐　献

　　通过捐献来筹集资金，看起来似乎没有强加于任何人，也没有从任何人那里索取他们自认为超过了他们有缴纳能力的税款，但是事实上这里却有很多问题。原因在于，国王和显贵面临的威胁及压力并不比因不缴纳某种捐税或者某种附加税将受到拘捕的压力小；同时捐献人还要经常面对被可恶的谗言者和告密人诬陷的危险，这些人会诬告捐献人不满政府要求其进行捐献的理由，而这又会引起政府对捐献人的不满，发生这种危险比捐献人和其他人一样按照适当的比例缴纳一定的税款而蒙受损失的情况还要经常，前面我已经说过，按照适当的比例缴纳一定的税款是不会使人变贫穷的。

　　捐献制度的优点在于：当政府的某项开支只同某些人有关而同其他人无关的时候，捐献可以避免为了一部分人的利益而向全体人民征税。例如，在 1638 年和 1639 年我们同苏格兰人发生争执的时候，就只有教会的高级僧侣和这件事的关系最大。有时候还会有这样的事情发生：有些人比其他人得到了国王的更多更优厚的恩惠，比如在 1660 年陛下复位的时候，① 那些因为得到特赦令而被特赦的人就得到了这样的恩惠。还有的人明显地比其他人有更多更好的机会获取收益和得到好处，比如刚才说的陛下复位以来，牧师是得到了最大的好处的。在所有这些情形之下，都可以提出实行捐献制度的建议，尽管有时候这种制度也有缺点，这些缺点主要有以下几点：

第一，如果某个捐献人所捐献的金额，没有那些心怀嫉妒的旁观者认为的他本应该捐献的金额多，那么这个捐献人就会像上面所说的那样受到国王和显贵的威胁，让国王和显贵对他感到不满。

第二，捐献制度在很多时候会把全体国民分割成很多部分，或者至少会使各部分人的财力被那些根本没必要把情况了解得那么清楚的人了解得非常清楚。同时，与这种情形相反，捐献制度还会使人们有意地把自己财力的真实状况掩盖起来，以此来逃避政府有技巧的调查

---

① 见查理二世 13 年（1661 年）第 1 号法令，第 4 条，"关于向尊敬的陛下自由和自愿地捐献之法令"。——1899 年版注

措施。

第三，某些人可能由于某些特殊的原因而捐献巨款。也就是说，他们捐献的目的是为了迎合某些喜欢这种事情的显贵们的心意，然后希望显贵们给他们以恩惠，这样他们的巨额捐献就可以得到补偿。但是他们这样做对其他人是有害的，因为这会引起显贵们对其他人的偏见。

第四，还有那些曾经拥有过巨额资产的没落贵族，尽管他们日趋败落，但他们却还是喜欢摆阔，喜欢过优裕的生活；不过由于他们对人们慷慨大方，所以他们也就能够得到别人的报答，也就能够从他们结交的朋友中得到某些人的保护，甚至得到法官的庇护。正是这些没落贵族的捐献行为给那些靠自己的辛勤劳动才获得积蓄的人树立了很坏的榜样。这些没落贵族是不怕捐献的，因为进行捐献能够提高他们的信用，信用提高了又能使他们借到更多的钱，但是最终这些破产者的全部捐献负担都会转嫁到那些勤劳俭朴的爱国者身上，而这些勤俭的爱国者才是真正维持社会公共福利的人。

第 10 章 刑 罚

1. 普通的刑罚包括死刑、断肢、监禁、当众受辱、短时间内的肉体刑罚、严刑拷打等等，除此之外还有罚款。这里我们重点讨论最后一种处罚形式——罚款，至于其他的刑罚，我们只讨论它们能否由罚款的处罚方式来代替。

2. 某些罪行，依据上帝的戒律，是要被判处死刑的。对于这些一定要被判处死刑的罪行，除非我们认为，虽然这些戒律是由上帝规定的，但它们不过是犹太共和国的民法的内容。有很多近代国家也确实是这样认为的，所以它们不像犹太人那样对通奸这类罪行判处死刑，但是对于偷窃这种小小的罪行，它们却不是对罪犯处以罚款，而是判处死刑。

3. 根据上面所谈的，我想斗胆提几个问题：那些罪大恶极的不可救赎的犯了重罪的人是否就有理由被处以极端的死刑呢？

4. 用严刑拷打的方式公开执行死刑就能够威吓住人们不去犯叛逆的重罪吗？这里的叛逆罪是指能使成千上万无辜且对社会有用的人死亡或者陷于悲惨境地的罪行。

5. 用秘密执行死刑的方法就能够惩罚那些犯了隐蔽的不为人所知的罪行的人吗？这里秘密执行死刑是因为对于某些不能公开的罪行来说，如果公开执行死刑就会使这种罪行被世人所周知。比如某些危险的宗教异端邪说，用秘密执行死刑的方式就能够把它们扼杀在摇篮里吗？其实使我们所谓的罪大恶极的那些人去承受苦难，更会使支持异端的人受到鼓励，并且使这些异端邪说广为流传。

6. 割耳、割鼻等刑罚是为了给罪犯一种永久的侮辱，带枷示众则是要给罪犯一种短时的侮辱。这些惩罚（顺便提一句还有很多其他的类似的惩罚）都会使得那些本来可以挽救的罪犯自暴自弃，变成绝望的无药可救的人。

7. 断肢，比如切断手指，可以使那些惯用手指特长进行犯罪的人永远不能再犯这种罪行，例如扒手、伪造印章和文书的人等等；切断身体的其他部分，可以惩戒通奸、强奸以及乱伦等等罪行；比较轻的肉体刑罚还可以用来惩罚那些无力缴纳罚款的人。

8. 监禁看起来是一种对实际犯罪人的惩罚，但是事实上它是一种对犯罪嫌疑人的惩罚。也就是说，把某些人监禁起来，这就给司法人员创造了一种机会——可以根据这些人的言行对这些人进行调查，看他们是犯了偷窃等较轻的罪，还是犯了叛国或者谋反这样的重罪。但是如果监禁不是判决以前的暂时的拘禁，而是依据判决执行的监禁的话，那么在我看来只需要把这些人隔离起来就可以了：说话能迷惑人的人和做事能诱惑人的人。但是这些人将来有悔悟和改正的希望，或者这些人在那些现在还没有而将来会有的工作上有用武之地。对于这样的人，只要把他们隔离起来，让他们无法与人交谈也就可以了。

9. 至于根据判决而执行的无期徒刑，这种刑罚看起来好像是让罪犯慢慢地死去，就像自然死亡一样，但是监禁生活的愁苦、孤独、对往事的回忆等等，都无异于疾病的折磨，会让人早死，实际上等于加速了死刑行刑期的来临，被判处无期徒刑的人没有能活很久的，无期徒刑只不过是把死刑的行刑期延长了而已。

10. 这里我要重申一下我们的观点，我们认为，土地是财富之母，劳动是财富之父，劳动是创造财富的能动的要素。所以我们要记住，国家杀死其成员，或者切断其成员的肢体，或者将其成员监禁，都等于惩罚国家本身。因此，国家应该尽可能地避免对其成员实行这种惩罚，而把这种惩罚改为能够增加劳动力和公共财富的罚款。

11. 依据上面我们所说的理由，对于那些资产丰厚的人，如果他们犯了杀人罪，为什么不让他们交出他们全部财产的一部分来赎罪，而要焚烧他们的双手呢？

12. 对于那些没有能力缴纳罚款的窃贼，与其将他们处死，为什么不罚他们做奴隶呢？如果这些人成为奴隶，就可以强制他们从事他们体力所能承担的最繁重的劳动，而他们所过的生活却是他们所能忍受的最低标准的生活。这样的话，对于社会来说，就等于增加了两个劳动人手，而不是失去一个劳动人手。如果英格兰的人口尚达不到社会发展所需要的数量，假如只达到了一半，那么我认为，除了要设法使人口数量倍增外，还要设法使现有的人口加倍地工作。也就是说，要使某些人成为奴隶。关于这个问题，我将在别处讨论。

13. 还有，与其对窃贼和骗子处以死刑，或者带枷示众、鞭笞，为什么不对这些人进行若干倍的罚款呢？不过这样就会有人问了：比如对扒手，应该处以多少罚款呢？我的回答是：要想得到这个答案，我们可以对一部分从事这种勾当的"手段高明"、"手法娴熟"且又能坦白自己罪行的人进行一番调查，看看他们因偷窃而被捕的频率是怎样的。假如十次偷窃行为只会被捕一次，那么对他们进行七倍的罚款，他们也还有一部分利润，即使对他们进行十倍的罚款，他们也不会有损失。因此，要对他们要进行二十倍的罚款，也就是使他们的偷窃行为所要冒的危险加重一倍。其实这样也不过是对他们的犯罪行为的加倍罚款而已，二十倍就应该是对偷窃罪行的恰当的罚款比例。

14. 在《摩西律法》① 中提到的对偷窃行为要进行两倍、三倍、四倍，甚至七倍的罚款，也就是上面所说的意思，否则，人们也许就会把偷窃当成是一种十分正当且合法的职业了。

15. 人们要问的下一个问题是：在收上来的许多倍的罚款中，应该交给被害人多少呢？对于这个问题，我的答案是：绝不能超过全部罚款金额的十分之一，这样才能使被害人今后更加小心谨慎，提高自我保护意识；然后把全部罚款金额的十分之三给予揭发人；剩下的部分留作公共开支之用。

---

① 摩西（Moses），《旧约》中希伯来人的先知和立法者，曾率领以色列人逃出埃及。《摩西律法》（Moses Law），又被称为《摩西五经》，也就是后来被收入《圣经》中的著名法律文献，它是希伯来法的集中体现。我们现在从《圣经》中看到的《摩西律法》已不是公元前6世纪创立时的原貌，而是经过了几个世纪的发展被学者们不断地整理、加工和修改过了，有很多内容是后来加进去的。——译者注

16. 第三点，对于犯通奸罪的情况，其大部分是不需要罚款的，也不需要处以其他的刑罚，只需对通奸犯施加侮辱即可，而且只要在极少数人面前使其受辱即可。这种惩罚的方法会使通奸犯感到永远羞愧，即使是对那些声誉很好的人也是这样。就像我们知道的，当人们身处悬崖绝壁感到眩晕的时候是不会考虑什么名声的，所以人们犯通奸这种罪，往往是在疯狂、郁闷、精神失常、丧失理智或者感情冲动的时候，而决不会是深思熟虑的结果。

17. 此外，依据"谁犯罪，谁受惩罚"的原则，如果非法同居的实际目的是要防止生育的话，那么，就应该让犯了堕胎罪的人用自己的双手加倍劳动，以此来补偿国家因为她的堕胎而失去一双劳动的手所遭受的损失，或者让她缴纳能够达到同样效果的罚款。这就是明智的国家常用的方法，它们用这种方法来处罚那些防不胜防的犯罪行为。《圣经·福音书》也没有对世人所犯的这种罪应处以何种处罚有什么特别的启示，它只不过声明犯这种罪的人在来世不会受欢迎。

18. 我还可以列举许多更详细的例子，但是如果我上面所说的是合理的，那么说这么多已经足够了；如果我说的是不合理的，那么即使举出更多的例子，也没有任何用处。所以，我只想再举一个例子，一个最适合我们目前时代和情况的例子，那就是关于处罚宗教异端的方法的问题。

19. 如果一个地方官员相信一旦他容忍了某个宗教信仰不坚定的人，他马上就会为此受到上帝的惩罚，那么他一定不会容忍宗教信仰不坚定的人；同样，如果人们相信一旦他们的宗教信仰变得不坚定了，他们马上就会为此受到上帝的惩罚，那么人们一定会得到信仰的自由和普遍的容忍心。另一方面，地方官员也可以允许异端邪教的存在，这一点从那些允许异教使节出使本国的国家的惯例上似乎就可以很明显地看出来，即使出使本国的异教使节前来的目的只是谈判一些临时的事情或者琐碎的小事。当然，外国异教使节所信仰的宗教也不能令人十分地憎恶。

20. 因此，由于地方官员可以允许或者默许那些他们认为适合信奉的宗教存在，也可以对那些他们认为信奉了不宜信仰的宗教的人进行惩罚；又由于对异教徒处以死刑，或者断肢，或者关监牢，这样不仅等于处罚了国家本身，而且还会使这种异端邪说反而广为流传。所以，罚款才是在这种情况下惩罚信奉异端邪教的人的最恰当的方式。如果这种宗教的赦免可以同国家的安定相互协调一致的话，那么，与其说罚款是一种没有痛苦的刑罚，还不如说罚款给了人们在宗教上被免罪的希望。这是因为，没有一个邪教异端分子会奢望在自己扰乱了社会公共的秩序之后能够被社会所容忍；如果他们有这种奢望，那他们就不会违背地方官员的意愿拒不对他们的所作所为承担应有的责任，也不会拒不缴纳由此对他们所进行的巨额罚款。实际上罚款是给他们创造重生的机会。

21. 此外，如同我们有理由宽恕那些有良心的异教徒一样，我们也有理由严厉处置那些伪善者，尤其是那些滥用神圣的宗教去掩盖其世俗目的的伪善者。为了对这两种人分别处以适当比例的罚款，现在有没有更简单且更有效的方法来区分这两种人呢？那些上帝的虔诚的信徒们，他们尽忠职守，在自己的工作岗位上每天工作十小时，对于这些人来说，他们会不愿意以每天增加一个小时的工作为代价来换取信仰的自由吗？这正像虔诚的信徒会比那种散漫的人每天多花一小时时间来祈祷一样，或者还可以说，这正像有些人穿的衣服是用每码价值二十一先令的毛织品做成的，如果相对地降低一个先令的消费可以换到信仰自由的利益，那他们会不肯穿用每码价值二十先令的毛织品做成的衣服吗？那些不肯这样做的人，都不是真正信仰上帝的人，也不是真正愿意为上帝受磨难的人，无论他们自己怎样吹嘘自己。

22. 也许这里会有人反对上述观点，认为即使可以容忍某些邪恶的宗教，但是也不能容忍全部的邪恶宗教呀，

比如那些会破坏城市安定的邪恶宗教就不能容忍。对于这种反对意见,我的回答是:

首先,没有任何一个同国教相分离的教派,即使是再小的教派,会像我们所希望的那样同我们整个国家的统一和和平相一致,也没有哪个教派有那么完美的良知,对社会而言,它们都会产生最大的危害。例如文纳①和他的同谋者所采取的行动,其动机确实是发自内心的良知,这一点可以从他们从容就义的行动中得到证实;但是,他们坚持国王是耶稣基督的权力和皇位的篡夺者,这却是危害全体国民的罪恶,决不能宽恕,也决不能把他们和其他一般的邪恶宗教分子同等对待。

23. 但是另一方面,没有哪一种异端邪说的力量能强大到须动用死刑、监禁或者断肢这样的刑罚才能压制它们不至危害国家。简单地说,最危险的异端邪说无过于那种不相信"灵魂不灭"的邪说,这种邪说会使人变成禽兽,丧尽天良;或者说,这种邪教会使人无所畏惧,

---

① 托马斯·文纳(Thomas Venner)是伦敦的一个酒桶匠,他领导了1661年1月6日第五王朝派的起义。参阅:《关于1661年伦敦叛乱发动者的控诉和审问的报告》(A Relation of the Arraignment and Trial of Those who made the late Rebellious Insurrection in London),原载《索默尔文集》(Somers Traces),1812年版,第七卷,第469~472页;豪威尔的《国家审讯集》(Howell, State Trials),第四卷,第105~120页,第67~70页注释;贝奈特的《现时代的历史》(Burnet, Own Time),第一卷,第160~161页。——1899年版注

无恶不作，只要他们能够逃避人类的法律对他们的罪行所采取的刑罚；而且它还会让人们对一切注意不到的邪恶念头和邪恶企图完全失去戒心。不过我认为，即使是对这种异端分子，用下面我说的办法来处罚他们也已经足够了：把他们当作禽兽来看待，让他们一无所有，因为这些人对应该如何获得财富是没有任何良知的；不让他们做证人或者提供证词，因为这些人根本不可能说实话；不让他们获取任何荣誉和谋取到任何官职，因为这些人只考虑自己，不会保护别人；此外，还可以让他们去最大限度地进行体力劳动，而国家从他们的劳动中所得到的好处，就等于我们所说的罚款，而且是最重的罚款。

24. 至于其他危害性没有这么大的异教邪说，可以根据其不同的情况分别处以适当的罚款，确定罚款金额的标准是：它们在地方官员自己认为的许可范围之内可能对社会造成危险的程度，以及防止它们危害社会所需要的经费开支。

25. 现在，我们讨论的是怎样预防和纠正宗教上的异端邪说。到目前为止我们已经谈了怎样惩罚犯罪的"羔羊"，我想这会儿我们应该来谈一谈"牧羊人"的问题了。牧师本身是不应该完全逃避责任的。这是因为，在我们国家有很多学校是不收学费的；我们的各个大学以及其他类似的地方办学经费都很充足，足以传播所有有利于保卫国教的知识；并且我们还有很多为此目的而建立的图书馆。此外，如果在我们的教会里有很多德高望重的人，而且他们都同时拥有财富、荣誉和权力，这在其他任何地方都是很少有的，那么我就很奇怪为什么会发生下面这样的事情：由于我们的牧师的懒惰、形式主义、无知和生活不检点，致使我们的羔羊误入歧途，如皮肤生了疥癣，或者被狼和狐狸吞食，而我们却认为错误只在羔羊身上，补救的办法也只有恫吓那些误入歧途而又不知回头的羔羊，或者把那些生了疥癣的羔羊连皮带毛一同都剥去。其实恰恰相反，万能的上帝一定会向牧羊人索取已经被吞食了的鲜血的。

26. 因此，如果牧师会由于某些人脱离教会而失去这些人所承担的那部分什一税的话（其实这些人的什一税并没有被免掉，只是被国家悉数收去而已），而脱离教会的那些人既要为他们分裂教会的罪行缴纳一定的罚款，又要负担他新加入的教会和那里的牧师所需的费用的话，那么我认为让牧羊人和羔羊共同来分担责任才更加公平。

27. 此外，在公正的世界里没有人会认为，我们的牧师之所以能够得到他们现在所拥有的崇高的地位，仅仅是因为他们会说教，或者是因为他们关于某些宗教观念的见解比一般人更高明，或者是因为他们能够用教父和圣经的言语表达自己的观点等等。我们之所以给予他们崇高的荣誉，可以十分确定地说，那是因为他们是上帝的信徒，他们能够在克己、禁欲以及苦行方面以身作则，使大部分教徒能够按照上帝的训诫以他们为模范。如果牧师所做的事情只是在教坛上进行那些枯燥的说教，那么有些人就会想，这些说教早都已经被印刷成文字了，现在印刷本已经多得不能再多了，其数量大约已经达到了实际需要的一万倍以上，而且今后可能还会出现更多更加动人的说教。使罗马教得以长存的是修道院的纪律，而摧毁罗马教的却是红衣主教和高级教士的奢华生活，这真让人匪夷所思。

28. 因此，在上面关于教会问题的讨论中，我们说过的所有的话的主旨是：只要牧师的职责范围不过大，那就会有助于教会内部的和平；只要牧师的生活是节俭朴素的，那就会使教徒能够和他们和谐相处；当整个教会由于某个成员的脱离而遭受损失的时候，如果让牧师来承担这种损失中的一小部分的话，那么牧师就会对这种损失有所切身的体会，我这样说是合情合理的；至于处理所有这些事情的方法和准则，我想就把它们留给那些和这些事情有关的人们去思考。

29. 关于刑罚和刑法，我还想补充说一点，那就是刑罚和刑法的滥用。如果制定刑罚和刑法的目的不是为了防止人们犯法，而是为了使人们受到处罚，那就是滥用刑罚和刑法；如果执行刑罚和刑法的人不是在人们犯罪之前把刑法规定的犯这种罪行会受到的刑罚公之于众，而是到了有人犯了罪之后才去拿着刑罚和刑法去恫吓那些可怜的又不是故意犯罪的人，这也是滥用刑罚和刑法，这就像警察从不事先贴出告示告知人们不得在警岗附近随地小便，但一旦有人这样做，他们就会去抓人家的衣服，强迫人家缴纳他们开出的罚款单。

第 11 章 垄断和官职

1. 垄断，顾名思义，就是专卖权。谁拥有了这种权力，谁就能在他所享有的权力范围内，按照他所中意的条件，或者他所中意的价格，或者同时既按照他所中意的条件又按照他所中意的价格，出售他的商品。

2. 法国国王征收的盐税①就是垄断的一个典型例子。法国国王征收盐税的实质是把成本只不过是一法郎的东西②以六十法郎的价格卖给老百姓。对所有阶层的人来说，食盐都是一种普遍需要的东西。比起富人来，食盐对于穷人是更加稀缺的。如果所有人都消费同量的食盐，或者像有些地方的情况那样，不管他们是否需要消费食

---

① "Gabel"，今拼写为 "Gabelle"，专指法国 1789 年大革命前的盐税。——译者注
② 这里指 "食盐"。——译者注

盐，所有人都被强迫去购买食盐，那么，这时候法国国王所征收的盐税就和我们前面所讲到的绝对的人头税[1]具有相同的效果。但是如果人们消费的食盐或者说食用的食盐是不等量的，实际上这才是人们消费盐的一般情况，或者人们在购买了他们所需消费的食盐之外不再被强迫去购买更多的食盐，那么，这时候法国国王征收的盐税就只相当于一种累积的国内消费税，特别地，当人们消费的食盐同质的时候尤其是这样；否则，这种盐税就是一种特殊种类的赋税——垄断。

3. 垄断的作用，或者说实行垄断的堂皇的理由有如下两点。

首先，垄断可以起到保护发明权的作用。法律可以通过赋予发明者对其发明的一定时间内的垄断权来奖励发明创造。在拥有垄断权的这一段时间内（例如在英格兰这段时间为十四年），发明者就能够根据世人对其发明的认可度或多或少地获得一定的报酬。

顺便提一句，这里值得注意的是，几乎没有什么新发明曾经通过垄断权获得过报酬。因为尽管发明者常常自我陶醉于其发明创造的价值当中，想当然地认为全世

---

[1] 这里"绝对的人头税"由"simplest Poll-money"翻译而来，见本书第7章的注释。1899年版本所注的1679年版此处为"simple Poll-money"。——译者注

界的人都会侵犯他的发明权，可是根据我的观察，① 一般人是很少愿意使用这些新技术的。因为这些发明本身还没有经过彻底的考验，还没有经过时间来证明其有没有潜在的缺点。所以，当一项新的发明最初被提出来的时候，几乎所有人在一开始时都是反对的，而可怜的发明者则总是会受到那些急性子名士们的左右攻击。每个人都能发现这项新发明的缺点，没有人肯定它，除非发明者按照人们提出的意见对他的新发明进行改良。能够经受得住这样责难的人真是凤毛麟角，即使经受住了这样责难的人，最后也还是按照人们各式各样的意见对其发明进行改进。正因为如此，可以说，没有一个人敢说某项新发明完全是自己的，甚至于这项新发明的哪一部分与最初的发明者有关都不乏争议。更糟的是，当围绕着新发明的无休止的争议平息的时候，时间已经过去很久了，那可怜的发明者不是已经作古就是已经为此发明债台高筑了，不免被出资与他合作的人所咒骂。这样，所谓的发明者和他的发明就彻底地化为了乌有。

---

① 配第曾经发明过一种用于复写的机器，并且还从上议院获得了专利权，时间大约是在1647年或者1648年的3月7日，其专利权的有效期限为十七年。他特为他的这项发明出版了使用说明书（使用参考书），努力地想以这项发明为基础创立企业联盟（辛迪加），显然他没有成功。参阅菲茨莫里斯（Fitzmaurice）所著的《配第传》，第10~13页。——1899年版注

其次，垄断在一定时间内可能确实可以发挥它的作用，也即当一种新产品刚刚开始生产的时候，这时候一方面我们需要非常精湛的技术来做好这种新产品，另一方面这种新产品的技术又没有被一般人所掌握，这时候垄断就可以发挥它的作用了。举例来说，假定有一种备受好评的药物，只有某一个药剂师能够高质量地配制出来，虽然也有其他人能够配制，但是其他人配制的都不如前面那个药剂师。在这种情况下，这位拥有最高配制技术的药剂师就应该被准许在一段时间内享有该项技术的垄断权，直到有其他人在他的指导下积累了充分的经验，也能够和他一样高质量地配制出这种药物为止。这是因为：第一，在人们既不能凭感觉来分辨这种药物的细微差别，也不能凭理智来判断疗效的情况下，社会上就不至于有人会滥制这种药物；第二，如此情形，其他人才有可能得到精通这种药物配制技术的药剂师的精心指导；第三，精通这种药物的配制技术的药剂师还可以在传授这种药物的配制技术的过程中获得报酬。不过由于这种类型的垄断不能给政府带来巨额税款，因此这种类型的垄断和我们所要讨论的问题关系不是很大。

官职与垄断的性质相同，是由政府设立的，不同的官职有不同的薪俸。只不过官职与人的活动和职务有关，而垄断与商品买卖有关罢了。并且，社会对于官职的态度也和对待垄断的态度一样，有赞成的，也有反对的。

随着我们王国的日渐繁荣强盛，花样繁多的事物、各式各样的活动，甚至语言词汇都日益丰富起来。这正如我们所周知的，繁荣强大的帝国的语言也是丰富而优美的，穷山恶水的国家却正好相反。现在随着王国事务的增多，官职（即专门执行或者完成这些事务的权力机构）也随之增多了。但是，相反地，随着官职的事务增多了，占据这些官职的官员在处理这些事务时遇到的困难和危险却意外地相应减少了。根源于这种情况，原本在设立之初只能由能力和创造力最强的多才多艺的人（比如那些能够应付一切突发的、紧急的、难以处理的事件，并根据自己执事所经历的一系列偶然事件，通过自己的观察，总结出其中的规律和法则，再以此为后来的人指路的人）担任的官职，现在却由最最一般、最最浅薄、最最愚笨的副职和助理担任了。

然而最初国家对官职付以高薪（这在当时也还是被认为是很微薄的，远远低于这些官员理应得到的薪俸）是为了补偿在位行政官员的执行能力、信誉和他们辛勤的工作。但是现在，尽管占据这些官职的行政官员的业务水平和信誉有了很大的降低，但支付给他们高薪的政策依旧未变，而且他们获得的实际薪水要比以前又极大地提高出了数倍。因此，现在这些官职（其业务已经变得简单之极，任何人都能够胜任，就连见都没见过这项工作的完全没有经验的人也能胜任自如）的收益也像其他年俸享受权（Annuity）那样被按年或者按代买卖了[①]。法院工作的收入之丰简直令人眩目，被人们称为"法律之光"，当法学教授和司法人员无事可做的时候，它却大放异彩。尽管国家设立这种官职的负担之重以及这种官职的毫无用处已经被注意到了，但人们却把它当成是购买它的那些人的一种不动产，就这样任其存在下去了。

在我国这类的官职为数众多，所以无论是它们按年提供给国王利润，还是一下子把它们出卖掉若干年，国王都会从中获得巨额收益。要把这些官职卖出去是很简单的事情，因为：一这类官职的薪俸很高，这是由于在确定它们的薪俸的时候它们数量还很少；二薪俸种类很多，这是由于目前的业务量成倍增加的缘故；三现在的业务只要最平庸的人就能够胜任，这是由于只要经过长期的经验积累，做好这类官职的工作就会变得十分容易，根本不会重蹈赴任初期被人蒙蔽、失信于人或者管理不善的覆辙。

因此，实际上这些官职就成了向那些无法逃避、不

---

① 意指由于担任官职可以获得丰厚的收益，所以官职就像其他年俸享受权那样也被拿去买卖了，出卖官职的是国王，出卖的方式是按照年数（Years）或者按照几代人的代数（Lives）来进行的。——译者注

得不求助于它们来解决问题的那些人所征收的一种赋税。而设立这些官职的最初起因，是由于人们经常把自己陷于决斗①的灾难之中，可是这种决斗无论哪一方胜出，其所带来的灾难都是巨大的。很显然，事实确实是这样，人们并不总是依靠法律去伸张正义，有时候明智的民众并不比弱智的陪审员们差，而且人们还可以像跟自己的律师谈话一样向法官说明他们在诉讼案中的优势。因此，官职还可以说是一种好辩好斗的人自愿缴纳的赋税，这就好像国家向好酒的人征收酒的国内消费税一样。

---

① 配第最近正好避免了一场决斗。参阅：伊夫林的《日记》（Evelyn, Diary），1675 年 3 月 22 日，第二卷，第 403 页；沃克的《牛津大学图书馆的书信》中的"奥布里手稿"（Aubrey in Walker's Bodleian Letters），第二卷，第 485 页；菲茨莫里斯的《配第传》，第 151~152 页。——1899 年版注

第 12 章 什一税

1. 什一的"什一"（Tythes）与十分之一的"十一"（Tenths）是同一个意思，它的本意就是按十分之一比例征收的租税，或者也可以叫做按十分之一比例扣除的财富。这就像对进出口商品征收的关税一样，我们通常叫做吨税或者磅税，而实际上应该叫做"二十分之一税"。但是这里需要指出的是，什一税不仅仅是指一种赋税，而且它还指这种赋税的用途。例如牧师的俸禄，当什一税是指一种赋税的时候，我们就说这里什一税的意义是牧师俸禄的物质内容，如土地和水上的直接出产物，或者投入到土地和水上的人力、技术、原料的出产物；当什一税是指这种赋税的用途的时候，我们就说这里什一税的意义是指牧师俸禄。除上述两项含义外，什一税还指缴纳这种赋税的方式，即它必须用实物（Specie）缴纳，而不能用货币（Money）缴纳，除非由于特殊的原因或者纳税人自愿缴纳货币。①

2. 前面我们在说牧师俸禄的物质内容时已经说过，用以缴纳什一税的必须是土地上的直接产物。也就是说，用以缴纳什一税的必须是成熟可收割的谷物，而不是将谷物脱粒，筛糠，磨成面粉，加水烘烤而制成的面包。

3. 除了以土地的直接产物缴纳什一税之外，也还有其他选择。多产的家畜所产的幼仔也可以用来缴纳什一税，只要幼仔大到可以脱离母畜而独立生存就可以。如果有的家畜所产的幼仔只有一只，那么就可以以货币来代替缴纳了，这种以货币来代替缴纳什一税叫做和解费

---

① 什一税起源于《旧约》时代，是教会所采用的赋税制度。根据这种制度，信徒要按照教会当局的规定或法律的要求，捐纳本人收入的十分之一供宗教事业之用。什一税可以以谷物、牲畜等物缴纳，以为神职人员薪俸、教堂日常经费以及赈灾救济之用。英格兰在十世纪规定必须缴纳什一税。十六世纪欧洲宗教改革运动期间，宗教改革领袖路德原则上同意向世俗君主缴纳什一税，什一税制得以继续执行。这既有利于天主教会，也有利于基督教会。但什一税自始至终都遭到人民的反对。1789年法国在革命时期废除了什一税，对直接收取什一税的人也不予补偿；其他国家也陆续废除了一些类别的什一税，但都对直接征收什一税的人进行补偿。今天在某些新教国家，什一税的残余形式依然存在。例如，德国规定公民如未正式宣布退出某一教会，即必须缴纳教会税。美国从无法律规定需缴纳什一税，但耶稣基督末世圣徒教会、基督复临安息日会等会派都要求信徒纳什一捐，其他会派中也有些信徒自愿纳什一捐。——译者注

（Composition）。①

4. 刚剪下来的羊毛也可以用来缴纳什一税；如果以猎鸟和捕鱼为职业，而不仅仅是为了娱乐，那么鸟和鱼也同样可以用来缴纳什一税，依此类推。

5. 除此之外，在大城市里，什一税也是一种以货币形式来缴纳的和解费（Composition），其征收的对象是那些使用已经缴纳过什一税的原材料进行生产的工匠的劳动和收益。

6. 因此，当一国的劳动增加的时候，什一税在任何地区都会随着劳动的增加而增加，而劳动的增加是随着或者应该是随着人口的增加而增加的。由于英格兰的人口每两百年就会翻一番，因此在过去的四百年之中，英格兰的人口比原来增长了大约四倍。而在英格兰人的全部开支中，土地地租所占的比例大约只是四分之一，其余四分之三的开支则用于劳动和原料投入之花费。②

---

① 欧洲中世纪时期，当教职人士或信徒因违反教规、戒律、教会法、禁令等而犯罪，需要得到赦免以达到赎罪目的时，必须与教皇达成和解，其形式是缴纳一笔和解费（Composition）。十四世纪以前，和解费一般均用作圣战军费。这里沿用了"和解费"这一名称。——译者注
② 缴纳什一税是教徒的基本义务。在中世纪早期，由于社会经济衰退和生产力落后，什一税总量有限，只能维持教会的生存。到了中世纪中后期，由于西欧社会经济的复兴和发展，什一税总量也迅速增加，成为天主教会财富的重要来源，它已大大超出维持教会生存的范畴，而成为教会腐败的重要经济因素，遭到了西欧人民的反对。——译者注

7. 由此,现在的什一税就应该是四百年前的十二倍①了,这可以通过比较国王账簿中记录的不同时期的牧师俸禄的情况就十分清楚地看出来。但是由于土地地租支出和劳动投入支出的比例是随劳动人手的变化而变化的,因此这里面还应该扣除掉一些东西。所以,我们或许应该说现在的什一税仅是四百年前的六倍②。也就是说,现在的什一税所能够支付的劳动者的工资③,或者所能够养活的人口数,是四百年前的六倍。

8. 如果现在的教区和四百年前的教区相比,在数量上没有变化,也即现在的和当时的教区是一样多的。但

---

① "十二倍"是配第根据他在前面第六条中的分析得出的一个大概的数字,即配第认为,在过去的四百年中,英格兰的人口增长了四倍,由此在生产中可以追加更多的劳动和原料投入,在土地地租支出和劳动投入支出的比例不变的情况下(也就是配第说的"在英格兰人的全部开支中,土地地租所占的比例大约只是四分之一,其余四分之三的开支则用于劳动和原料投入之花费。"这一句话在第六条最后显得特别突兀,不易理解),单由于劳动人口的增多所带来的产量的增加,也使什一税量随之增加了,其增加的倍数是"十二倍"。然后配第又用国王账簿中记录的不同时期的牧师俸禄的情况来对自己的推算加以证明,也就是我们现在所说的用统计数据来证明经济问题,所以我们说,配第也是一位统计学家。——译者注
② 配第得出现在的什一税是四百年前的十二倍的结论,其前提假设是在土地地租支出和劳动投入支出的比例不变的情况下。这里配第解除了这个假设的限制,实际上土地地租支出和劳动投入支出的比例不可能是不变的,它是应该随劳动人手的变化而变化的,这才是实际情况。"六倍"也是一个大概估计的数字。——译者注
③ 指牧师的俸禄。——译者注

是，我们知道，四百年前每个教区中的牧师人数是比现在多的，再加上那些既是信徒同时又兼做牧师的人，神职人员就更多了。而且，由于当时无论是去教堂忏悔的人还是宗教节日，以及教堂的日常事务都比现在多得多，所以当时的教区和牧师的工作要比现在更加繁琐和繁重。现在教区和牧师的主要工作当然还是布道，但采用的是一种新的方法，那就是一下子对成千上万的听众同时布道，而不再像从前那样接受太多的个别人的忏悔，用单独问答的方式解除个别信徒的疑惑，也不再多做关于殡葬死人的事情。可是，我们看到的明显的事实是，现在的牧师比从前的牧师要富裕得多了。过去做牧师是一种苦行，而现在的牧师，感谢上帝，工作既清闲，生活又奢华。难怪人们都说，当圣杯的质地是木头的时候，牧师的质地是金子；当圣杯的质地是金子的时候，牧师的质地是木头。或者我们可以这样说，当宗教信仰最鼎盛的时期，牧师的工作是最艰苦的，但现在事情反过来了，就像我们前面所讲的，在律师们几乎无事可做时候，法律看起来却是最绚烂的。①

9. 但是，不管教会的财富怎样增加，对于我都是无

---

① 见本书第 11 章："法院工作的收入之丰，简直令人眩目，被人们称为'法律之光'，当法学教授和司法人员无事可做的时候，它却大放异彩。"——译者注

所谓的,我不会对之有任何嫉妒之心。我只是希望教会能够找到恰当的方法,既稳妥又安定地享有教会的财产而自得其乐。我想有一种方法是可以做到这一点的,那就是教会必须确保它所培养的牧师人数不能超出它所分到的牧师俸禄所能够负担的限度。也就是说,如果在英格兰和威尔士,一共只有一万两千名牧师的职位,那么培养两万四千名牧师的做法就是不明智的。在牧师们看来,或许教会可以通过改变分配方案的办法,用一万两千名牧师的俸禄来养活两万四千名牧师,但这是根本不可能的。一旦教区培养了超额的牧师,其结果只能是那一万两千名得不到俸禄的牧师不得已去另谋生路。当他们别无选择的时候,对他们来说再容易不过的就是去对人们说,那一万两千名拿到了俸禄的牧师毒害甚至杀死了他们的灵魂,并且在他们去往天堂的路上给了他们错误的指引。请相信,这些无路可走的穷牧师在私心的诱惑下,一定会把这件事情做得很成功。我们已经注意到,这些拿不到俸禄的编制以外的牧师,往往要比那些能够拿到俸禄的职业牧师更加卖命地传教,他们每个星期传教更多的次数,每天传教更多的小时,每次传教更长的时间,总之他们尽其所能做得比职业牧师更出色。这就好像诗歌里说的:"迫于环境,饥饿的希腊人也能上天。"① 这些不能通过正常途径获得俸禄的牧师,他们愤怒,他们痛苦,他们为自己的事业、理想和目标倾注了满腔的热情,并为之孜孜不倦地奋斗,然而他们却只能靠个别的捐助维持生活。这一切都会使人们觉得他们才更正统,更值得尊敬,也更能得到上帝的垂青。可是现在就让我们每个人都客观地来做一做评判,是不是得到上帝的垂青的人就应该得到援助而获得牧师应得的俸禄呢?但是,从近期的经验看,这些事情已经很明显了。

10. 现在也许你要问了,那么教会怎样才能确保它所培养的牧师人数不超出它所分配到的牧师俸禄所能够负担的限度呢?或者打个比方说,到底我们栽种多少棵果树才是适合我们的果园大小的?我的回答是:如果英格兰能够提供一万两千名牧师的俸禄,包括高级僧侣也在内,那么教会就应该每年只培养四百名牧师,接着我们上面比方说的,就应该是每年在我们的葡萄园里新栽种四百棵果树,这样教会既可以正常地进行它的传教工作,

---

① 1899年版注:见"贾维纳尔,《讽刺诗》,第三卷,第78页"。贾维纳尔(Juvenal),中文也译作尤维纳利斯(Juvenalis),古罗马讽刺诗人(公元60~130年),著有诗集"Sat",中文译为《讽刺诗》,或者直接译为《诗集》。这句话的语境是指,古代希腊人在打仗的时候一般都是靠饥饿迫使被围者投降的。——译者注

又不会有额外的负担。因为依据死亡统计表①上的数字来看，一万两千名成年人每年死亡的人数大约正是这个数字，这里成年人即指那些达到工作年龄的牧师，他们具有一定的理论知识和实践经验，可以为自己和他人很好地服务。

11. 上面的讨论我们跑题了，但我之所以要谈论上述问题，主要是为了说明什一税的性质。当然我们讨论上述问题的目的最终是为了说服人们安心地承担他们的税收负担，不要顶风而上；再说得直接一点，我们讨论上述问题的目的和我们讨论其他所有问题的目的一样，最终就是为了维护良好的公共秩序。所以我不觉得我插入上面这样一小段讨论有什么不合适，我只是为了我们② "耶路撒冷"③ 的和平。

12. 现在让我们回过头来，再谈一谈作为赋税或者捐税的什一税。我想说的是，无论在设立之初它如何是或

---

① 参阅：格兰恩特的《根据死亡率表作出的对自然和政治的观察》，索引第 96 页。——1899 年版注
② 1679 年版删掉了"我们"二字。——1899 年版注
③ 耶路撒冷（Jerusalem），巴勒斯坦著名古城，今以色列首都，位于该国中东部，约旦河西岸。耶路撒冷在历史上就是一个缺少和平的地方，从公元前六世纪开始先后被希腊人、罗马人、波斯人、阿拉伯人、十字军和土耳其人统治过，最后受国际联盟的托管国英国控制，以色列军队在 1967 年控制该城。配第在这里用了比喻的写法。耶路撒冷是犹太教、穆斯林和基督教的圣地，也许正因为此，配第在这里使用了"我们"二字。——译者注

者看起来如何是一种赋税，但在现在的英格兰它已经不再是了。这正像国王在爱尔兰征收的免役税（Quit-rents）① 一样，现在它也已经不再是一种赋税了，以后它也不会再是了。在开征了免役税之后的时代，只要缴纳完免役税，人们就可以根据自己土地收益的余额多少，自己来决定自己的花销和开支。② 这就不会出现因为额外的征税所引发的种种问题。因为赋税之所以会成为人们肩上难以承受的沉重负担，就是由于课征的突然。突然的额外课征甚至可以使人们动用武器来反抗，人们会为了逃避人世间的苦难煎熬而不惜一蹈地狱炼火，战争和灾难便是不可避免的严重后果。

13. 现在我们知道什一税并不是一种单纯意义上的赋

---

① 免役税最早始于英国。欧洲在经历了可怕的黑死病风暴之后，由于劳动力相对匮乏，加之贸易和工业的兴盛，导致了土地的贬值，最终使五花八门的封建性负担转变为固定的免役税。免役税的特点是"白色"（White），亦即"银租"（Silver Rent）。也就是说，它是以货币形式而不是实物形式缴纳的。佃农或者其他土地耕种者通过缴纳免役税即可免除他们每年的所有其他应负担的封建义务。所以，免役税实际是一种领地所有权的象征。我们国内有一种说法认为，免役税"是契约奴在劳动期满获得'解放'、得到一小块土地以后，为了表示对业主——授地者的忠贞，必须按时缴纳的一定量的租金"。这种说法的正误，学界尚没有达成一致。但是有一点是可以肯定的，那就是对于免役税决不能望文生义，单纯地只把它看成是封建时代人们为了免服兵役而缴纳的租税。配第在此的论述也可以看做是我们正确认识免役税的一种佐证。——译者注

② 免役税税收负担是固定的。——译者注

税，下面我们就仅把它看做是赋税的一种形式或者一种模式，来对它作进一步的讨论。我可以肯定，为了支付全国的公共开支和教会的日常费用，规定人们必须缴纳什一税是最公平和最无害的方法。因为按照规定，全国所有的谷物、家畜、鱼类、鸟类、水果、羊毛、蜂蜜、白蜡、油、亚麻、大麻等产品，它们作为土地、劳动、技术和原料资本的产物，都要拿出其中的份额来缴纳什一税。当然，对于房屋、棉布、酒类、皮革、羽毛等以及以它们为原料制作的几种人工制品，没有严格的征税标准。也就是说，城市和农村所缴纳的什一税是有所不同的。但是只要我们认识到了这种不同，并针对这一点对什一税税则重新进行规定的话，那么我想单单这一点是不会引起大规模的骚动的。

14. 然而，什一税在具体征收的过程中也有其不合理的地方，我主要列举三个。第一个不合理的地方是，凡应当缴纳什一税的产品，每年都必须拿出相应的部分缴纳给国王。我们知道国王的收益也同教会的收入一样，是随着物价的涨落而变化的（除非教会收入的变化是由于某些特殊商品的缺少引起的，地租正是根据这些商品的市场价格折算成货币缴纳的。我们这里不讨论这种情况）。但是对于全部的物品来说，它们之间的关系是平衡互补的。假设歉收年或者丰收年是通过作为主食的谷物来定义的，那么相同的年景中，谷物可能会歉收，但对国王来说，可能引起谷物歉收的原因会带来其他物品的丰收，这正所谓失之东隅收之桑榆。因此，所有应当缴纳什一税的产品，无论年景如何，每年都要缴纳什一税，这是不合理的。

15. 第二个不合理的地方是在爱尔兰观察到的，这就是牧师的俸禄是以货币形式支付的，而什一税却是以实物形式缴纳给国家的，这就导致了国家在实际上不可能仅仅接受以实物形式缴纳的什一税，这样一来又会迫使农民不得不在田地里就把谷物卖给那些出价最高的商人，而这样的交易是充满了欺蒙诈骗、营私舞弊，甚至是官商勾结的。当然，如果国家将这种交易行为只是作为一种权宜之计，而并没有任由其继续存在下去的意图，那么，由此造成的危害或许是能够补救的。

16. 第三个不合理的地方前面已经提到过了①，那就是对于那些用缴纳过什一税的物品进行生产而制成的产品，需要用另外一种税制来对它们征收什一税。然而，或许我们能够找到一种和现行什一税性质相同的新的什一税税制，这种新的税制是不需要靠其他税制来

---

① 这里指本章第五条提到的"在大城市里，什一税也是一种以货币形式来缴纳的和解费（Composition），其征收的对象是那些使用已经缴纳过什一税的原材料进行生产的工匠的劳动和收益。"——译者注

弥补其不足的。而且如果这种新的什一税税制能够实行的话,那么征收这种税款的税务官们还会因此得到一份全职的工作,而不会再像现在这样整天混日子,简直是国家蛀虫。

第 13 章　其他几种征款的方法

1. 当人们对某种赋税形式感到厌烦的时候，我们的政策设计者们肯定会马上提出新的政策，而且他们还保证不像原来的政策那样，他们新提出来的政策是能够解决所有公共开支问题的，以此使人们接受并服从这些新政策。举个例子来说，假设目前的地价税（Land - tax）不合人意，人们对缴纳地价税感到十分厌烦，这时候我们的政策设计者就会站出来讲，国家不征收地价税照样也有解决公共开支问题的办法。可是他们的办法，不是倡议开征人头税，就是开征消费税，再不就是设置一些新的官职或者垄断。当然通过这种方式，他们也能吸引到一些人去聆听他们的讲话，然而最愿意听他们讲这些话的是怎样的一些人呢？无外乎是那些不能从目前的赋税制度中获得利益的人们，他们把希望寄托在新政策中，希望在新政策中能够谋得一官半职。

2. 下面我列举几种我在欧洲一些地方观察到的其他的几种征款方法。

第一种,在某些地方,国家会充当全部或大部分货币的公共司库(common Cashier)①,就像银行那样,这样国家就能够获得相应的利息。

第二种,国家有时还会充当公共放贷人(common Usurer),就像信贷银行和当铺那样。而且如果国家手里有土地财产登记簿的话,可能国家经营这项业务的效率会更高,从中获得的收入也就会更多。

第三种,国家有时候也充当或者也算是公共保险人(common Ensurer)。或者依据我们英格兰的关税最初设立的目的,只对海上被海盗侵犯的危险进行投保;或者对一切战争、天气、海难以及船只遭遇的危险都进行投保。

第四种,国家有时候还垄断某种商品的买卖,从而获得由此带来的收益。例如布兰登堡公国(Duke of Brandenburghs Countrey)对琥珀②的垄断,从前爱尔兰对烟草

---

① 银行或公司的"司库"就相当于商店的"出纳员",所以这里配第说国家充当的是"公共司库"。——译者注
② 关于普鲁士对琥珀垄断的历史,参阅:特斯多夫《从教团时期到今天普鲁士琥珀的开采与加工》(Gewinnurg uud verarbeituurg des Bernsteins in Preussen von der Ordenzeit biszur Gegenwart, von W. Tesdorpf),耶拿(Jena),1887年版,第6~22页。——1899年版注

的垄断，法国对食盐的垄断，等等，都是这种情况。

第五种，国家有时候还会充当公共募捐人（common Beggar）。例如，荷兰就是这样，荷兰政府经常采用募捐的方式筹集钱款。不过，在荷兰募捐到的钱款只提供给隐蔽的需求者，目的是为了保护这些人不会因为自己贫困的事实被揭露出来而蒙受耻辱；而不提供给那些真正的需求者，因为他们的贫困已经是人尽皆知的了。

第六种，在某些地方，由国家充当未成年人、精神病人和智障病人的惟一监护人。

第七种，在其他一些地方，由国家负责建造和经营剧院以及公共娱乐场所，国家负责支付演员的工资，但是经营这些场所获得的大部分利润归国家所有。

第八种，在某些地方，房屋由国家投保防火险，国家每年对每所房屋征收少量的保险费。

第九种，在某些地方，过往使用由公共经费修建和养护的桥梁、公路、渡口，国家都要征收过路费。

第十种，在某些地方，国家规定死去的人必须把自己财产中的一小部留给公众；还有的地方，国家对结婚和生产（这里指生育）也做这样的规定。

第十一种，在某些地方，国家对外国人，特别是犹太人，要征收特殊的税款。这种方法在人口过剩的国家不失为一个好方法，但是在人口较少的国家就不是这样了。

3. 对于犹太人来说，他们是有能力承担一定的额外负担的。因为他们几乎不跟基督徒一起饮酒吃饭，他们不把简朴的生活当作耻辱，他们的生活甚至是肮脏污秽的。但正是因为这样，他们却能够逃避国内消费税，国内消费税是根据人们的（mens①）② 消费来征收的；也正因为此，他们可以比其他商人更廉价地出售任何商品。除此之外，由于犹太人主要从事汇票、珠宝和货币的交易，虽然他们有时候也会有一些欺诈行为，但是他们因此而受到惩罚的时候比其他人都要少；又由于（for）③ 他们居无定所和随遇而安，这又使他们无论到什么地方都不需要为任何事情负责任，所以他们还能逃避其他的一些赋税。

4. 第十二种，在某些国家和地方，有一种古老的税制直到现在还依然存在，这种税制我们可以把它叫做"财产税"，即凡个人财产都要缴纳某一完整的部分作为赋税，有的需缴纳个人财产的五分之一，有的需缴纳二十分之一，这里的财产包括个人的动产和不动产、官职、特权以及假象的财产等等。征收这种财产税很容易带来

---

① 中古英语。——译者注
② 1679 年版此处为"mean（普通的——译者注）"。——1899 年版注
③ 1679 年版此处为"but"。——1899 年版注

欺骗、勾结、压榨和纠纷。有的人为了骗取人们更多的信任故意多缴纳这种税,但是还有的人为了少缴纳这种税进行贿赂。这种财产税的税值是无法核准和查实的,并且税款征收的情况也无据可查(它不像烟囱里的灰那样会留下痕迹)。我是反对这种税制的,对此我没有耐心啰嗦更多了,我更愿平静地下此结论,用滑稽剧里面小丑的话说就是:征收这种赋税毫无意义,完全没有意义,十分没有意义,一点儿没有意义。

第 14 章 货币的升值与贬值

1. 有时候会发生这样的事情，有些国家会主动把本国货币的价值提高①或者贬低②，这些国家希望通过这种方式（如果能够实现的话）使流通中的货币加倍或者减少，使货币能够发挥比原来更大的作用。假如一个国家把它的货币价值提高了(当然，我不知道它们使用这种方法根据的是什么不成熟的意见），从表面上看是这个国家希望用原有的货币可以购买更多的商品或者劳动。但是这种做法的实质，相当于国家对那些借债给国家的国民征收了赋税，或者也可以说国家用这种办法侵吞了它所欠的国民的债务；同时，也还会对那些依赖养老

---

① 这里货币价值的提高指以更少的重金属代表更高的价值。——译者注
② 这里货币价值的贬低指货币本身重金属含量的降低。——译者注

金、固定租金、年俸、津贴和捐赠生存的人产生同样不利的影响。①

2. 如果要把这个问题阐述详尽，我们必须对货币进行深层次的研究。货币的秘密浩如烟海，我在别的地方讨论其他问题的时候已经谈了一些我对于货币看法，这里我想通过解释我赞成和反对货币升值与贬值的原因，竭尽我所能再谈一些我的看法。首先我来谈一谈货币贬值的问题。②

3. 按照铜和锡本身的价值铸造的铜币和锡币是不会贬值的，只是因为它们不如银币那样轻巧和便于携带，才使它们的价格比银币低廉。

按照铸造工艺和金属材料两者的价值铸造的铜币（就是那种正反两面雕刻着精致的人物肖像和花纹的铜币，看起来就好像是一枚勋章）也不会贬值，除非这种铜币的数量过多（至于数量怎样算过多，怎样又算过少，其衡量的标准，我在这里暂不确定。后面我还要讨论精炼的一镑银币中铜的含量应是多少为最合适，一百镑银币中铜的含量又应是多少，那时我们再来讨论这个问

---

① 配第这里讲的货币的升值与贬值，其意义与现代金融学中所讲的纸币的升值与贬值正好相反。——译者注
② 配第这里谈的货币贬值的情况，正好相当于现代纸币升值的情况。——译者注

题），因为如果这种铜币的数量过多，那么构成其价值一部分的精巧的铸造工艺，这时候除了观赏价值之外就再完全没有其他用途了（原因是由于这种铜币的滥制而使其变得越来越普通，其铸造工艺的价值也就越来越低），从而造成这种铜币价值的贬值。

4. 为了零售交易的方便，比如解决找零钱的问题，而私铸的代币也不会贬值（前提是私铸代币的人能够确保其有能力用白银将这些代币换回）。

5. 但是我认为，如果金币中掺杂了过多的铜或银，那么金币是会贬值的。当然，在金币中掺杂铜或银是必要的，因为金的自然属性过于柔软，作为货币在流通中会磨损得很快，在其中添加铜或银可以增强金币的硬度，但是不能过多。我同样认为，如果银币中掺杂了过多的铜，超过了足以增强银币硬度的标准，银币也会贬值。为了使银币具有足够的硬度，在铸造时能够经受住捶击、打压、碾磨，掺杂一些铜是必要的，但同样不能过多。

6. 因此，像荷兰的先令（Shillings）、斯提弗斯（Stivers），法国的苏尔兹（Soulz），爱尔兰的庞加尔（Bon-galls），等等①，这些都是贬值的货币，它们大部分

---

① 这些国家在历史上曾使用过的一些小额货币，如斯提弗斯（Stivers）是荷兰使用过的一种硬币，相当于二十分之一盾。注意，这里"荷兰的先令"是指一种古代荷兰货币，有别于英国古代的货币单位"先令"。——译者注

个头很大，但价值其实很小。回答为什么铸造这些货币的第一个理由或者说借口是，这些货币体积比较大，使用方便，而且其中所含的银比较不容易丢失或磨损。

7. 除了这个理由以及我们前面说过的必须按照标准在金银币中添加其他金属以增强它们的硬度那个理由之外，铸造这些货币还有一个理由，那就是防止铸金匠和买卖金银的人把它们熔化掉，以及外国人把它们出口到外国。因为无论是把它们熔化掉，还是把它们出口到国外，由于它们是贬值的货币，所以从事这两种勾当的人一定会遭受损失。我们假设一枚面值两便士①的斯提弗斯其纯银的含量只有一便士，如果买卖金银的商人仅仅为了获得白银而将斯提弗斯熔化掉，那么在分解的过程中他就会损失其中的铜以及提炼白银的费用；对于外国人，他们也不会把这种斯提弗斯出口到别的国家去。因为在任何其他的国家，这种货币原有的产地价值消失了，其价值要按照它的实际含银量来计算，那么出口这种货币的人就必然要蒙受损失。

8.② 而反对这种贬值货币的理由有很多。第一条，

---

① 金币、银币、铜币、锡币等为英国古代流通中使用的货币，镑、先令、便士为英国古代货币单位（见本书第4章的第18条）。在配第的时代一便士等于十二分之一先令，一先令等于二十分之一镑。

② 原文编号"7"重复，各版均如此。——1899年版注
这里修正为"8"，以下逐条顺延。——译者注

这种货币被伪造的危险性比较大。原因是人们在使用货币的时候，通常不是用专业手段对货币的真伪进行辨别，而只是凭经验通过对货币的色泽、声音和重量来辨别其真伪；如果国家发行的货币其本身金银含量过低，那么人们就无从凭经验把它们同伪造的货币区分开来。

9. 第二条，如果小额的这种货币，比如两便士面值的这种货币，有时候升值或者贬值百分之十二，有时候又升值或者贬值百分之十五，有时候又是百分之十六，而老百姓对于这种微小的变化是无法计算也不易察觉的，那么这就会给老百姓造成一定的损失。举例来说，假如这种货币有时候贬值百分之十，有时候贬值百分之十一，有时候又贬值百分之十二，我们说这时候实际上一枚两便士的货币只值一便士半货币的价值。也就是说，这时候这种货币实际上贬值了百分之二十五，而老百姓对此是完全察觉不到的。升值或贬值的其他比例，情况也是如此。①

10. 第三条，如果这种货币非常不方便使用，我们不得不把它们熔化掉再重新铸造，那么，我们同样也会遭受到前面提到过的买卖金银的商人在熔化贬值货币时所遭受到的一切损失。

---

① 这一条中的几个百分比数只是配第用于说明问题的举例，它们之间没有确定的数学关系。——译者注

11. 第四条，如果两便士银币的含银量，只有一先令银币含银量的八分之一，① 那么对于同一种商品，如果其售价是一先令的标准货币，那么这时候出售它的商人就会要求买者支付十五便士的这种货币。

12. 现在我再来谈一谈货币升值的问题。② 所谓货币的升值，有两种情况：一种是把按照金衡制（Troy）计量的一磅标准银分割成比以前更多的块数，比如从前仅仅把一磅标准银分割成二十块，而现在却把它分割成六十块以上，而且从前的二十分之一磅和现在的六十分之一磅都叫做先令；另一种是对已经铸成的货币用更高一级的货币单位来称呼。对于进行这种货币升值的借口或者理由是：本国货币的升值会导致外国货币的流入，从而使本国货币的铸造材料更加丰富。可是，假如政府宣布法令，原先一先令货币现在价值两先令，那么除了所有商品的价格都会随之上涨一倍之外，还会有什么其他的影响吗？如果政府同时宣布另一项法令，劳动者的工资等都不能随着货币的升值而提高，那么这种法令实际上就是强加在劳动者身上的一种赋税，迫使劳动者的工

---

① 按标准计算，一便士银币的含银量应为一先令银币含银量的十二分之一，那么两便士银币的含银量就应为一先令银币含银量的六分之一，这里贬值到了八分之一。——译者注
② 配第这里谈的货币升值的情况，正好相当于现代纸币贬值的情况。——译者注

资白白损失一半。这种政策不但不公平,而且也行不通,除非工人能够依靠这一半的工资生存(这是难以想象的),所以对工人工资作如此规定的法律不是公正的法律,法律应该保证工人能够得到生存所必需的费用。当然如果法律确保了工人能够得到双倍的工资,而工人却只做了他们实际所能够做的工作的一半,那么这对于社会来说又是一种损失,相当于损失了同等数量的劳动所创造的价值。

13. 法国四分之一埃居(Quart d'Escu)[①] 通常价值十八便士,现在假设其价值提高到三先令[②]。可以肯定在这种情况下,所有的英国货币都会变成四分之一埃居。因为这时候英国的货币都会被运到法国去了。那么为什么这时候英国的货币都会被运到法国去?因为这时候法国四分之一埃居的金含量,只有我们英国货币金含量的一半,这是毫无疑问的。因此,虽然提高了货币价值,但实际上也就是等于改变单位货币所代表的价值,这一点任何国家都可以做到。但是,一旦有其他国家也采取

---

① 埃居(Escu),法国古代货币名,种类很多,价值不一。现代欧洲货币单位"欧元"的英文缩写"ECU"便来自这个词。法文中"埃居"一词是指法国中世纪骑士使用的盾牌,一种货币以盾牌命名,让人感到它的坚挺。但在欧盟国家最终确认以"ECU"代表欧元之前,它也曾遭到反对,因为"埃居"还有贬值货币的含义。——译者注
② 即二十四便士。——译者注

同样的方式提高货币价值,那么我们由于提高本国货币价值而获得的利益就会被由此所造成的损失完全抵消掉。

14. 现在假设四分之一埃居的价值提高了一倍,为了弥补上面这个缺陷,我们禁止我们国家的货币出口和它进行交易。我认为,这种禁止是无效的,也不会被执行。假如这条禁令能够执行的话,那么,法国四分之一埃居价值提高的实际效果,就要由我们用提高了一倍价值的四分之一埃居从法国购买商品,变成了我们以原先价格的一半向法国出售商品。① 这样,需要这些商品的法国商人还是享有了因法国四分之一埃居价值的提高而产生的全部利益。因此,即使这条禁令能够被执行,其结果不过是相当于降低了我国商品的价格,由此而导致法国人极大地提高购买我国商品的比例,这和提高他们国家货币的价值所产生的最初的效果是一样的。但是,无论是提高货币价值,还是降低商品价格,都不会使外国人对我国商品的需求超过他们的需要,即使他们在前一年由于有利可图购买了一些暂时不用而多余的商品,以后他们就会相应地减少对这种商品的购买。

15. 如果实际情况和我们上面所说的一样,实际情况

---

① 配第这里的意思是,当法国货币升值时,如果英国通过禁止从法国进口而防止英国货币流入法国,那么法国则会扩大从英国的进口,将升值的法国货币输入英国,英国同样会遭受损失。——译者注

也基本上就是这样,那为什么自古以来会有那么多英明的国家经常采用这种方法来吸引别国货币流入它们各自的领土呢?即使现代也还是有很多国家在采用这种办法。

我觉得这种情况在一定程度上归因于人们的愚昧和无知,他们不能立即理解这个问题。因为我发现有许多十分聪明的人,尽管他们清楚地知道提高货币价值的意义并不大,但却不能马上明白这是怎么一回事。举例来说,有一个英格兰人,虽然没有工作但是却很有钱,当这个人听说爱尔兰一先令货币的价值提高到可以兑换十四便士的时候,他会比以前更快地跑去爱尔兰购买土地。他没有马上搞明白,同一块土地,以前用他六年的地租就可以买到,但现在却要用七年的地租才能买到。而爱尔兰的卖主也没马上搞明白,应该相应地把他的土地价格提高。由于他的目的只在于达成交易,所以他只以六年半地租的价格就把土地卖了。如果这种差额很小的话,就算经过很长一段时间人们也弄不明白其中的问题,也就不可能准确地根据这种差额来调控他们的交易行为了。

16. 然后,尽管我认为外国货币价值提高一倍同我国商品价格降低一半之间没有什么实际意义上的不同,但是如果我国出售商品的默许条件(tacite[①] condition)是

---

① 中古英语。——译者注

外国以它现在的货币（present Money）来进行支付的话，这就会使我国的货币增加，这就好像用货币交易和以货易货之间会存在差异一样，以货易货赚得会多一些；提高外国货币价值和降低本国商品价格之间也会存在差异。也可以用即期付款和延期付款的差异来说明这一点。我们知道，一国用它现在的货币进行的交易和用延期付款的方式进行的交易，这之间也会存在收益的差异，而提高外国货币价值和降低本国商品价格之间会存在差异，也是这个道理。这里提一句，以货易货是一种没有固定交易日期的交易。

17. 假定英国的毛织品每码售价六先令，法国的帆布每厄尔（ell）① 售价十八便士。现在的问题是，为了使英国的货币增加，是让法国的货币价值提高一倍，还是让我国的毛织品价格降低一半？这两种方法是否具有完全相同的效果？我认为这两者的效果是不同的，而且前者效果会更好一些。因为前一种方法或建议具备获得外国货币的条件，而不是用以货易货的方式获得帆布。其实，这两种方法的差别是人人都承认的。因此，如果我国仅仅是为了获得邻国的货币才把我国的商品价格降低一半的话，那么，提高邻国的货币价值，我国同样可以

---

① 英国旧时丈量布匹的单位，合45英寸。——译者注

实现自己的目的，获得像前文提及的货币交易和以货易货之间的差异利益那样的差异利益。

18. 但是要真正解决这个问题，或者从根本上解决这个问题，就不能靠大概估算了，而要依赖于准确计算商品价格的方法。

为了说明计算商品价格的准确方法，我先给出下面几个假设：

第一，假设有一个地区，共有一千个人生活在那里，这些人可以充分地耕种这片以谷物种植为主的土地。在这里，谷物就是人们生活的全部必需品，就像我们在祈祷文中把面包视为我们生活的全部必需品一样；第二，假设生产一蒲式耳谷物所需的劳动和生产一盎司白银所需的劳动相等；第三，假设只要十分之一的土地和十分之一的人口也即一百人，就可以为全部人口生产足够的谷物；第四，假设土地地租，前面我们已经谈过求地租的方法了，是全部产品的四分之一（这个比例与实际的情况相去不多，像我们所观察到的那样，在一些地方是以缴纳四分之一的收成来代替地租的）；第五，假设尽管这种耕种只需要一百人，但实际上却有两百人参加了耕种；第六，假设尽管每个人有一蒲式耳谷物就能满足生活需要，但由于这种谷物的味道极好，所以每个人都用了两蒲式耳，并且把这两蒲式耳谷物都磨成了面粉。

现在我们就可以由上述假设得出以下推论：

第一，土地的优劣或土地的价值，取决于该土地生产的产品的产出量和为生产这些产品而投入的简单劳动量之比，到底是多于投入的劳动量还是少于投入的劳动量。

第二，谷物和白银之间的比率，只意味着一种人为的价值，而不是一种自然价值。因为谷物和白银之间的比较是一种自然有用的东西和一种本身没有存在必要的东西之间的比较。顺便提一句，这也就是银的价格不像其他商品的价格那样会有那么大的变化和波动的部分原因。

第三，产品自然价值的高低取决于生产产品创造自然价值所需要的人手的多少。当一个人可以生产十个人所需的谷物时，谷物的价格要比他仅可以生产六个人所需的谷物时要便宜。此外，由于人们生活必需品的消费会受到天气的影响，对某些生活必需品有时候消费得多，有时候消费得少，所以生活必需品的价格也会随之发生相应的变化。但是，政治廉价（Political Cheapness）取决于任何行业中超过实际需要的少量多余劳动者的数量。换句话说，如果同样的工作一百个人就可以完成，但是却让两百个人来做的话，谷物的价格就会上涨一倍。把这个部分上涨的价格和由此额外所产生的费用加在一起

（要实现由上述原因引起的价格上涨一倍，需要增加两倍的费用），自然价格看起来就要提高四倍。这个四倍于自然价格的价格就是基于自然价格计算出来的实际的政治价格（Political Price）。

将这种政治价格用通用的人工标准银来表示，就得到了我们所需要的价格，即真正的市场价格（Price Currant[①]）。

19. 但是，鉴于一方面几乎所有的商品都有替代品，另一方面几乎所有的商品又都具有多种功能，所以一种商品设计是否新颖，构思是否巧妙，式样和效果是好是坏，这些无法检验的不确定因素都会促使商品的价格上涨和下降。因此，除了我们上面所讲的那些决定和影响商品价格的必然因素之外，还必须考虑到这些偶然因素，而商人的过人之处就在于他们能够明智地预见和估计这些影响商品价格的偶然因素。

现在，我来解释一下我为什么要扯这些题外话。我认为，要使我国的货币增加，不仅要知道怎样使货币的价值降低或者提高，还必须知道怎样使商品的价格降低或者提高，这就是我讲这些题外话的目的。

20. 总结本章全文，我认为，提高或降低货币的价

---

① 中古英语，现代拼写为"current"。——译者注

值,实际上是一种强行课加在国民身上的税收负担,而且是一种十分不公平、不合理的税收负担。它是国家衰败的象征,这样的国家把提高或者降低货币价值看成是它们的救命稻草,为了让世人以为它们的货币没有掺假,甚至不顾体面,把国王的肖像刻在货币表面,公然违背公共的信义,把不存在的事情说成存在,而其实事情根本就不是这个样子。

第 15 章　国内消费税

1. 众所周知，人们应当根据他们在良好的公共秩序中获得的收益和利润，也就是根据他们的资产或财富，对公共开支有所贡献。财富的类型有两种：一种是事实上的财富；另一种是潜在的财富。一个人是不是事实上的或者说真正的富有，要依据他在吃、喝、穿以及其他方面的实际享受的情况来判断。有些人自己觉得自己的财产多得惊人，但却几乎不动用或者不使用这些财产，那么这些人的富有就只是潜在的或者想象的。与其说这些人是他们自己财富的所有者，还不如说他们是为别人忙碌的管家和司库。

2. 由此可以得出这样的结论，每个人都应当根据他们自己所得到的和实际享受的多少来缴纳税款。那么我们首先要做的事情是，通过计算每个人的消费支出来计算本国的消费支出总额；然后再计算必需的公共开支部分占其中的比例。这两种计算，尤其是前一种，正如大多数人所想象的一样，是非常困难的。

3. 其次，我们必须理解消费税的确切概念，即消费税是对每一种已经成熟到可以消费的特定必需品征收的赋税。换句话说，在谷物没有做成面包之前，在羊毛没有织成毛织品，甚至在没有做成衣服之前，不得征收消费税。只要对最终的制成品如衣服征收消费税，就可以把对羊毛、织布以及裁缝工艺，甚至针和线的消费都包含进去了。但是要区分成熟消费品和未成熟消费品是很困难的，所以我们应当编制一份天然产品和人工制成品的目录，列明那些最容易获得和最经常使用的消费品，并且在它身上或者在装储它的容器上加盖官印。这样，只要我们再计算一下每件商品在制成之后和消费之前又耗费了多少劳动和费用，把耗费在某件商品上的全部劳动和费用加总，再乘以消费税税率，就可以得到其应缴纳的消费税税款。举例来说，假设有两种布料都价值一百镑，一种条纹的布料用来做窗帘，另一种是衣料用来做高级男装。我认为做高级男装的布料所应承担的国内消费税应该比前面做窗帘用的条纹布料要更多一些。因为做窗帘用的条纹布料只要把它缝起来就可以最终被人使用，但是衣料要制成衣服还需要裁缝工艺、线、丝、针、顶针、纽扣和其他一些特别的东西，所有这些附加的零星东西的国内消费税都应该加在衣料的国内消费税上一并征收，除非它们的价值大到值得各自分别征税（像纽扣、花边、丝带可能有时候会是这样），并且也值得列入上面我们说的目录中。

4. 加在衣料上一同缴纳国内消费税的东西，应该尽可能地仅限于用在衣料上的物品，或者说，任何其他的没有用在衣料上的物品都不应该加在衣料上来缴纳国内消费税。比如，有些特殊类型的花边，如果没有直接用在衣料上，就不应同衣料一并缴纳国内消费税。所以对谷物来说，为了把它们烤制成面包而花费的磨制费、筛制费及发酵费等，就都应该加在谷物上面一同缴纳国内消费税，除非有像我们在前面所讲的那样，这其中有些特殊情况值得对它们各自分别征税。

5. 这里就有这样的问题，任何出口的本国商品是否应当缴纳国内消费税？任何作为出口补偿的进口替代品是否不需要缴纳国内消费税？我的回答是：本国出口的商品不必缴纳国内消费税。因为它们并没有实际在本国消费；而为补偿本国出口而从外国进口的并且在本国消费的商品，如果在外国出口时没有缴税，那么在本国进口时就应当缴纳本国的国内消费税。在外国出口时没有缴税这个条件，是为了避免对同一个消费品重复征收两次同样的税。但是如果运回来的是金条，而我们又把它们铸成了货币的话，那就不需要缴纳国内消费税了。因为货币会为我们带来其他的需要缴纳国内消费税的商品。但是，如果这些金条被铸成了餐具或者器皿，或者被炼成金线、金丝花边，或者被打成金箔，那就需要缴纳国内消费税。因为这时候它们就是被消费了，并且会被完全消费掉，打金丝花边和镀金就是这种情况的典型例子。这也正是为什么我认为我们通常称为"关税"的那种赋税是不合理的甚至是荒谬的原因。像金条这种商品，不管它在国内作何用就一概地在消费前对它征税，这是不合理的。

6. 关于累积的国内消费税我们已经提到过几次了，我们的意思是通过这种方式把许多物品结合在一起作为一种商品一次征税。例如，制造特效药或者解毒药需要很多种药材，而这些药材只能用来制造这些药品。在这种情况下，通过对任何一种药品征税，都可以使全部药材的国内消费税被一并征收。因为任何一种药品都使用了全部药材中的一部分，使用的比例是一定的。所以对布料征收国内消费税，也就意味着对制造工艺、制造工具和羊毛都征了税，其他商品也是这样。

7. 但是，有些人扭曲了我们这里"累积"的含义，主张把所有商品的国内消费税累积于某一种单一的特殊商品上进行征收。这种特殊的商品在他们看来是最接近所有消费品的共同标准的。这些人提出这种主张的主要目的是：

第一，为了掩饰"国内消费税"这个名称。对这些人来说这个名称是很让人讨厌的，他们既不知道纳税和吃饭一样是必需的，也不知道按照消费比例征收消费税是符合自然的真义的。

第二，为了避免征税过程中的麻烦和免花征税过程中的费用。

第三，为了保持商业的稳定发展。我们以后讨论某些赞成或反对征收国内消费税的理由时再来谈这个问题，现在我们先来谈几种世人议及的累积的国内消费税。

8. 有些人提议把啤酒作为征收国内消费税的惟一商品，因为他们认为一个人如果喝酒的话，那么他一定进行了其他消费。这种提法肯定是站不住脚的，尤其是如果浓啤酒所要缴纳的国内消费税比淡啤酒所要缴纳的多五倍（就像现在这样）或者多更多的时候。因为贫苦的木匠、铁匠、毛毡工等所喝的浓啤酒要比绅士们所喝的淡啤酒多一倍，结果他们就要多十倍的国内消费税。而且，累积于这些工匠们所喝的啤酒中的，只是很少的面包和奶酪，烂皮衣，牛脖子的肉，一周吃两次的动物内脏，不新鲜的鱼，不加黄油的老豌豆，等等。而累积于绅士们所喝的啤酒中的,却是需要更多的自然物和人工才能制成的物品。此外,这种征收国内消费税的方法,即使被很好地执行,也会跟我们以前所讨论过的绝对人头税一样,既不公平又难于征收,且不易查实。其实,绝对人头税也是一种累积的国内消费税。

9. 除了啤酒以外,还有人提议把食盐,或者燃料,或者面包作为征收国内消费税的惟一商品。但是把这些商品作为征收国内消费税的惟一商品所存在的问题,和把啤酒作为征收国内消费税的惟一商品所存在的问题是一样的。因为这些商品,有些人消费得多,有些人消费得少,并且许多家庭的消费个体往往由于他们的财产或其他家业的消长而有所变化(人们只知道对每家每户征税,但是却没有考虑到各个家庭成员的多少)。

10. 在所有人们议及的累积的国内消费税中,炉税,或者说烟囱税,看起来是最好的一种了。这仅仅是因为炉子的建造是需要一定的经济基础的,所以它最容易、最清楚、最能够反映每家每户的收入情况。炉子的数量很容易弄清楚,因为它不像人口那么容易流动;即使是已经没有用处的多余的炉子,缴纳小额税款也比将炉子改建或者拆掉容易;炉子又不太可能被藏匿,因为大部分邻居都知道它的存在;并且人们在盖房子的时候如果愿意花四十先令建造一个烟囱,那就决不会因为两先令的税而不建它。

11. 这里应当注意的是，炉税必须是极其轻微的，否则人们就将难以承受。对一个年收入一千镑的绅士来说，缴纳一百个烟囱的炉税（有一百个以上烟囱的大宅第就很少了）要比一个一般劳动者缴纳两个烟囱的炉税轻松得多。此外，如果只由地主缴纳这种炉税的话，那这就不是对所有商品征收的累积的国内消费税了，而是对一种特殊商品征收的特殊的消费税，这种特殊商品叫做"房屋"。

12. 现在我来谈一谈我赞成征收国内消费税的几点理由：

第一，每个人都应当根据他实际获得的享受缴纳税款，这符合自然的真义。基于此种原因，这种赋税几乎对任何人都不存在强制缴税的问题，并且对于那些满足于过最低自然标准生活的人来说，这种赋税是极其轻微的。

第二，如果这种赋税不是承包给某些个人去征收，而是由国家按照规定有规律地定期征收的话，那么它还会有鼓励人们生活节俭的作用，并且这也是惟一的能够使国家富强起来的方法，这一点从荷兰人、犹太人和所有凭借经商获得巨大财富的商人身上就可以看得很明白。

第三，征收这种赋税可以使人们避免对同一种商品缴纳两倍的税款或者两次缴税。因为任何商品都只能被消费一次。我们会经常看到，人们不但要缴纳土地税、炉税、头衔税和关税（所有的人都缴纳关税，尽管主要是商人和关税发生关系），还要缴纳什一税和进行捐献。如果开征国内消费税，那么任何人都就只需要缴纳一种税，或者更确切地说，任何人都就只需要缴税一次即可。

第四，① 通过征收国内消费税的方法，我们就可以对我们国家任何时期的财富、经济增长、贸易和国力水平进行精确的计算。

可是，尽管有上述这些赞成征收国内消费税的理由，但征收国内消费税的权力却不能混乱；国内消费税应该合理征收，既不能由某些特别的权力机构复合体来征收，也不能把征收的权力外包给某些个人，而只能由全职的税务官来征收。这样，所花费的征税费用将不到现在各种各样税收费用的四分之一。这是因为，如果地方税务官花钱雇用一些有经验的人来替他们收税的话，税收费用就肯定会高于实际费用。对于地方税务官来说，任何额外的麻烦和风险都无异于是对他们的一种苛税，所以每当这时候他们就宁可花钱去雇用一些有经验的人来替他们收税。上述这就是反对征收国内消费税的一般理由。

---

① 原文此处为"第五"，各版均缺失"第四"。——1899 年版注
这里修正为"第四"。——译者注

13. 我本应该在这里再附加说一说国内消费税的征税方法,不过我想我们参照荷兰在这方面的实践就可以了;或许我还应该谈一谈什么样的人可以被培养成为适合去征收国内消费税的人,以及什么样的人可以被培养成为适合从事其他公共事业的人,如司库、仓管员、税务官等,不过我想我还是在有更充裕的时间里以及在更恰当的时候再来讨论这个问题。①

---

① 1662 年的版本缺失两页,全文到这里结束。——译者注

图书在版编目（CIP）数据

赋税论/（英）配第（Petty,W.）著；邱霞，原磊译. —北京：华夏出版社，2013.7
（西方经济学圣经译丛：超值白金版）
ISBN 978-7-5080-7651-5

Ⅰ. ①赋… Ⅱ. ①配… ②邱… ③原… Ⅲ. ①税收理论 Ⅳ. ①F810.42

中国版本图书馆 CIP 数据核字（2013）第 123626 号

赋税论

作　　者	［英］威廉·配第
译　　者	邱　霞　原　磊
策划编辑	陈小兰
责任编辑	罗　云
出版发行	华夏出版社
经　　销	新华书店
印　　刷	北京世知印务有限公司
装　　订	三河市李旗庄少明印装厂
版　　次	2013 年 7 月北京第 1 版 2013 年 7 月北京第 1 次印刷
开　　本	880×1230　1/32 开
印　　张	6
字　　数	96 千字
定　　价	18.00 元

华夏出版社　地址：北京市东直门外香河园北里 4 号　邮编：100028
　　　　　　网址：www.hxph.com.cn　　电话：（010）64663331（转）
若发现本版图书有印装质量问题，请与我社营销中心联系调换。